가정을 살리는 女子

가정을 살리는 女子

초판 1쇄 찍은 날 · 2013년 10월 21일 | 펴낸 날 · 2013년 10월 25일
지은이 · 전혜련 | 펴낸이 · 김승태
등록번호 · 제2-1349호(1992. 3. 31) | 펴낸 곳 · 예영커뮤니케이션
주소 · (136-825) 서울시 성북구 성북1동 179-56 | 홈페이지 www.jeyoung.com
출판사업부 · T. (02)766-8931 F. (02)766-8934 e-mail: jeyoungedit@chol.com
출판유통사업부 · T. (02)766-7912 F. (02)766-8934 e-mail: jeyoung@chol.com

ISBN 987-89-8350-870-6(03230)

값 12,000원

이 도서의 국립중앙도서관 출판시도서목록(CIP)은 서지정보유통지원시스템 홈페이지(http://seoji.nl.go.kr)와 국가자료공동목록시스템(http://www.nl.go.kr/kolisnet)에서 이용하실 수 있습니다(CIP제어번호: CIP2013020912).

낮은 자가 부르는 평강의 노래

가정을 살리는 女子

전혜련 지음

예영커뮤니케이션

평안을 너희에게 끼치노니 곧 나의 평안을 너희에게 주노라 내가 너

희에게 주는 것은 세상이 주는 것과 같지 아니하니라 너희는 마음에

근심하지도 말고 두려워하지도 말라(요 14:27).

가정을 살리는 女子

가정 해체의 소리가 요란하다. 그러나 가정을 살리는 소리는 너무나 미약하기만 하다. 여기 몸소 흔들리는 가정의 고통의 여정을 힘들게 견딘 고백이 있다.

『가정을 살리는 女子』는 그런 고통 속에 출생한 이야기이다. 이 책은 단순한 또 하나의 가정세미나 독본이 아니다. 자신의 고통의 체험의 밑바닥에서 일어난 여인의 간증이다. 그녀의 재기의 용기가 더 많은 가정을 살리는 희망이 되었으면 좋겠다.

우리는 오늘 전대미문의 사회적 변화를 겪고 있다. 포스트모던 시대의 굉음이 가정의 해체와 파괴를 선도하고 있다. 나는 단순히 한 기관, 한 프로그램만으로 시대의 해답을 제공할 수는 없다고 생각한다.

이런 책의 출간이 더 많은 가정을 살리는 노력의 촉진이 되었으면 한다. 이 책의 저자가 흔들리는 가정, 학대 받는 여자들의 고통을 안고자 했던 것처럼 우리 시대 더 많은 가정사역의 부흥으로 열매 맺기를 기도한다. 그래서 한 가정이라도 한 여인이라도 더 행복한 미소를 되찾기를 기도한다.

함께 흔들리는 가정들을 위해 중보하는

이동원 목사 드림

감사의 글

먼저 내 안에 정직한 영을 세우사 나로 하여금 환란을 벗어나 근심이 없게 하신 하나님, 복에 복을 더하사 사역 현장에서 매순간 붙드시고 평안케 하신 하나님, 매순간 아둔한 나를 깨우시고 동행해 주신 하나님께 감사드린다.

지구촌교회 이동원 목사님과 우명자 사모님, 진재혁 목사님, 지구촌 모든 성도 덕분에 '민족을 치유하고 세상을 변화시키는 그리스도인으로' 살아갈 수 있었다. 바른 길을 가르쳐 교훈과 사랑으로 격려해 주시고, 위로자가 되어 주셔서 감사하다.

현장에서 다양한 내담자들을 만날 때마다 힘들지 않도록 기도로 위로의 지지자가 되어 약 10년 동안 변함없이 도움을 주신 라브리(L`ABRI) 동역자 여러분과 프로그램 진행으로 도움을 주신 상담사, 프로그램 강사 동료들에게도 감사드린다.

또한 이렇게 글을 쓸 엄두도 못 내고 지쳐있었을 텐데 손잡아 주시며 일어서도록 도움의 손길을 주신 여성가족부-경기도, 안산시, 용인시, 가족 여성과 관계자 여러분과 권혁봉 박사님, 이화여대 엄재정 박사님, KAFE 양승순 선생님, 법무부 보호관찰소 김철호 소장님등 권면과 지도에 감사드린다.

라브리(L`ABRI) 운영비를 후원해 준 동생들에게 고맙고, 돌아가신 친정아버지의 사랑과 기대, 더 멀리 증조부님에 무한한 사랑과 신뢰에 감사드리며 가족들과 이 기쁨을 누리고 싶다.

아버지처럼 멘토로서 나와 딸에게 관심과 사랑으로 돌봐주시고 도와주시는 오이선교회 김윤식 장로님과 기도회원 여러분께 진심으로 감사드린다.

아버지의 부재에도 성도에 사랑 안에 복을 누리며 가는 곳마다 화평케 하는 도구로 쓰임받는 딸이 있어 함께 이 길을 걸어갈 수 있었음에 고맙고 감사하다.

또한 이 책이 나오도록 힘써주신 예영커뮤니케이션의 김승태 사장님, 황인권 디자이너, 이종웅 사진작가, 글을 정리해 준 이종은 권사님의 은혜를 잊지 않겠다. '한 영혼 한 가정'의 회복을 돕는 자로서 사명을 잊지 않고 푯대를 향해 달려가겠다.

2013년 9월

낮은 자 전혜련

가정을 살리는 女子

차
례

돕는 글

평강의 노래

나는 젊은 시절, 이성교제에 대해서 조금 독특한 면이 있었다. 나를 좋아하고 집안도 좋고, 지성도 고루 갖춘 남성들이 접근하면 마음에 들지 않았다. 그리고 좀 처량해 보이고, 모성애를 자극하며 나의 도움을 필요로 하는 남성들이 다가오면 그런 남자들의 누나로, 부족한 남자들에 해결사로, 공급자로 지내는 것을 좋아했다. 그래서인지 그런 처량한 남자들이 주변에 제법 많았다.

그러던 어느 날, 내가 소망하던 배우자의 모습과는 거리가 먼 사람을 만났다. 궤변을 늘어놓고, 직업이 화가인 역설적인 남자였다. 그의 접근방식은 독특했다.

"당신이 믿는 하나님에 대해 설명해 주시겠습니까?"

나는 이 질문에 혹해서 복음을 전한다고 몇 번 만났고, 그에 궤변에 넘어가 결혼을 하게 되었다. 그렇게 준비 되지 않은 결혼생활은 서로 다른 공간에서 다르게 살았다는 것을 몰라 많이 다투었고, 그로 인해 우리는 상처를 주고받았다. 결혼생활에 상처로 얼룩이 지고 있을 때 지구촌교회에 가정사역팀(1998년)이 꾸려졌다. "새 가정 훈련학교", "사랑의 순례"의 프로그램 간사로 섬기게 되었고, 그러면서 우리 부부의 문제를 발견하게 되고, 내 상처가 치유되면서 내 삶을 모두 쏟았으면 하는 생각을 하게 되었다. 그러나 내면에 있는 모든 상처가 치유되지 않은 상태에서 시작한 사역은 다른 봉사자들과 갈등을 낳을 수밖에 없었다. 결국 제5기 "사랑의 순례" 봉사를 끝으로 그 사역을 내려놓았다. 그렇게 지쳐가던 시기에 상담학교라는 새로운 사역에 길이 열렸다.

가정사역 프로그램은 각 가정에 맞는 프로그램을 진행하는 것이 합당하다고 생각한다. 하나님이 이 땅에 가정을 세우신 목적에 따라 회복시키는 것이 목표인데, 이에 대한 프로그램은 각 가정의 상황에 따라 내용이 바뀌어야 맞는 것이다. 그 사역의 담당자가 담임목사의 의도와 관계 없이 획일적인 프로그램으로 가정사역을 진행하면 부작용이 일어난다는 것을 경험했다. 이렇게 획일적인 프로그램은 교회에서 반짝하고 열리는 이벤트로 인식할 수 있고, 봉사자들도 사역에 대한 회의감이 들 수도 있다.

그래서 가정사역 프로그램은 지속적으로 각 가정을 훈련시켜서 성경적인 가정으로 변화하도록 이끌어 내야 한다. 그렇게 훈련된 성도가 재헌신을 통해 날마다 변화해 가는 점진적인 성화를 이루어 가는 것이

가정을 살리는 女子

가정사역의 본질이 아닐까 한다. 이렇게 변화된 성도는 마음의 감동을 가지고 기꺼이 봉사자로 헌신할 것이다. 그리고 여기저기서 그러한 헌신자들에 의해 또 다른 변화를 경험하는 가정이 늘어날 것이다.

이러한 가정사역 헌신자들을 중심으로 1999년 "글로벌 상담소"가 출범하였다. 전문사역자도 부임해 왔고, 갈급함을 가진 아프고 지친 성도에게 더욱 인기가 높아지면서 상담학교는 활성화 되었다.

상담소 프로그램은 평신도를 훈련 대상으로만 보는 것이 아니라 다른 성도를 교육하는 제자로 키워내는 데에도 중점을 두었다. 부부 및 고부 관계, 자녀교육 등에서 비슷한 문제를 경험한 평신도가 같은 눈높이에서 허물없이 다른 평신도를 상담해 주고, 극복 사례를 나누면서 치유 효과가 극대화된다는 판단이었다.

"피훈련자에서 훈련자로 입장이 바뀐 성도는 다른 가정의 갈등을 접하면서 자신의 가정을 더욱 건강하게 할 수 있는 방법을 계속 고민하게 될 것이라는" 담당 사역자의 의도는 적중하였고, 치유되는 한 사람, 한 사람의 깊은 헌신과 섬김을 통해 다음 학기 대기자들이 몰려 있었다.

그러나 온전한 치유를 경험하지 못한 리더들로 인해 서로가 곪아가는 면도 있었다. 또한 프로그램만을 경험하려는 성도도 있었다. 그래서 상담학교는 여러 이유들 때문에 잠정적으로 문을 닫게 되었다. 몇 년간 가끔 찾아오는 내담자들을 맞는 명목상의 상담실이 되고만 것이다. 이런 상황에 처하게 되었지만, 교회는 "민족을 치유하고 세상을 변화시키는 교회"라는 표어 아래 말씀으로 성도를 양육하고 있었다. 그에 따른 프로그램도 있어서 성도들은 그곳에서 헌신하며 성숙해졌다. 나 또한 그때 많은 성장을 했고, 그것이 계기가 되어 한국가정사역협회와 라브리 사역을 통해 한 영혼, 한 가정을 돕는 사역자가 되었다.

2002년 이화여자대학교에서 어릴 때 폭력적인 가정에서 자란 남자들을 대상으로 성인이 된 후에도 '데이트 폭력, 동료폭력, 결혼 후 가정폭력'을 행사하는지 조사하는 연구에 참가하게 되었다. 그것은 주께서 나를 상담사로 만들어 가는 과정이었다.

이 연구에 참가하다 보니, 현장에 있는 실제적인 상담 대상이 필요했고 상담대상자를 찾는 것은 내 업무였다. 그래서 자연스럽게 집을 열어 상담소를 운영하게 되었다. 상담소에 찾아오는 피해자-가해자 상담을 하면서 점점 증폭되는 의혹들이 있었다.

"폭력은 다세대에 전수 된다?"

"신념이 사람을 만든다?"

"남 탓을 하는 자들이 폭력을 통하여 자신이 얻고자 하는 것을 얻으려 한다?(가정폭력 행위자 프로그램책 참조)"

이러한 문제제기 후에 원인이 가정에 있음을 확인하였고, 한국가정사역협회의 필요성을 느끼며 한국에 가정사역 대형기관에 찾아갔다.

    담임목사님의 추천이 있기도 했지만, 10년 동안 가정사역을 했던 기관이기에 배울 것이 많겠다는 기대감이 있었다. 그러나 그곳의 기관장은 내 가정이 불안정한 상태이고, 현재 남편이 가출했다고 말을 하자, 자기문제를 먼저 해결하는 것이 우선이라면서 받아주지 않았다. 그래도 일반 회원으로 매월 모임에 새벽부터 참가하여 청소하고, 차를 대접하는 생활을 5년 동안 했다. 그 외로운 시간은 주님과 동행하는 시간이었다.

    그 후 남편은 세상을 떠났다. 그런 와중에도 가정사역을 하던 나에게 어느 목사님은 "과부가 무슨 가정사역을 해?" 하며 조용히 있기를 원했다. 또한 한국가정사역협회는 회장 선발 기간이었다. 하지만 그 아래 속한 기관들은 각자 기관의 일이 과중하다며 서로 회장직은 꺼리고 있었다. 그 광경을 보며, 짓밟히고 부서진 낮은 자에게 감당할 일을 준비하시는 하나님의 손길을 느낄 수 있었다.

    2011년 총회가 열리던 날이었다. 눈이 제법 쏟아져서 도로의 차는 모두 제자리 걸음을 하고 있었다. 본이 아니게 약속시간을 넘기게 되었다. 그런데도 총회는 진행되었고, 본인도 없는 상황에 나는 회장으로 선출되었다. 협회 통장엔 0원이 들어 있었고 회원들도 예닐곱 명이 기관장 정도만 참가하는 반쪽 협회였다.그 소식을 듣고 많은 생각이 들었다.

"주님! 왜 저같이 힘없고 나약한 과부에게 그런 막중한 책임을 지우십니까?"

이렇게 기도하며 들어섰던 첫 걸음이었다. 그리고 지금까지 하나하나 주께 묻고, 기도하며 여기까지 왔다.

전 재산을 털어서 준비한 제1차 가정사역 컨퍼런스는—이것 또한 내가 세운 계획이 아니라 하나님의 감동이 있었다—말씀하신 대로 순종했더니 많은 언론에서 관심을 가졌고, 가정사역자들, 성도들에게 많은 관심을 받았다.

처음으로 회장직을 맡아서 한 제1차 가정사역 컨퍼런스를 성공적으로 마치고, 큰 기관과 대형교회에만 한정되어 이뤄지는 가정사역의 문제를 개선해야겠다고 생각했다. 오랫동안 노하우를 축적한 대형교회에서만 이루어지는 것이 아니라 기독교 가정사역 단체들이 중소형교회를 적극적으로 지원하는 '네트워크 사역'을 해야 한다고 생각했다.

그래서 준비한 것이 제2차 가정사역 컨퍼런스 '다음 세대와 함께 가는 가정사역이었고, 결과는 역시 성공이었다. 또한 2006년부터 지금까지 MBC, SBS 등 수십 차례 각종 언론매체에 노출되어 더욱 가정사역에 대해 알리게 되었다. 보잘 것 없던 낮은 자를 사용하셔서 쓰러져가는 가정을 세우시는 하나님의 놀라운 섭리가 드러나는 시간이었다.

하나님은 한 영혼, 한 가정을 회복을 위해 나를 부르셨다. 이 부르심에 순종한 나를 통해 쓰러진 가정이 회복되었다. 성매매 사범, 가정폭력 사범들의 왜곡되었던 의식은 가족상담 프로그램을 통해 변화되었다. 한 사람의 인격이 변화되는 것을 나 자신의 눈으로 바라보며, 간증케 하셨다. "원수의 목전에서 상을 베푸시겠다"고 하신 약속대로 때론 억울함에 눈물짓던 내 눈의 눈물을 닦으셨다. 머리에 화관을 씌워주셨고, 입술에 찬송의 노래를 주셨다.

나의 소원은 한 가지이다.

"오직 주님의 기쁨이 되는 것"

이 소원을 가지고 한 걸음씩 주와 동행하며 나아간다. 보잘 것 없는 나를 사용하셔서 축복의 통로로 사용하시는 주님을 온전히 찬양한다.

유 년 과 청 춘 의 시 절

아들이 아니라는 이유만으로

아버지의 고향은 넓은 평야가 펼쳐진 김제이다. 아버지는 장손으로 태어났기 때문에 아들을 낳아야 하는 것은 당연한 일이다. 첫 딸이 태어났을 때, 집안의 살림밑천이라는 생각으로 아들이 아니라는 아쉬움을 흘려보냈다. 하지만 둘째인 나까지 딸로 태어나니 "또 딸이야"라는 반응이 나왔다. 셋째도 딸, 넷째도 딸, 다섯째까지 딸이 태어났다. 집안 어른들은 다섯 딸에 대해 무관심했고, 그 중에 할머니의 무관심이 제일이었다. 갖은 핍박으로 설움을 받으며 다섯 딸은 성장했다.

아버지의 대를 이을 아들을 바라는 집안 어른들의 실망감은 이루 말할 수 없었다. 특히 둘째로 태어나서 남동생을 보지 못했다는 이유로 그 실망감은 나에게 고스란히 돌아왔다. 나는 할머니의 강요로 남자아이 옷을 입고 자랐다. 어릴 때야 입혀주는 대로 입었으니 괜찮았지만, 초등학교에 들어갈 나이가 되니 내 눈에도 옷이 보이기 시작했다. 그래서 남자아이 옷을 거부했고, 다행히 내 의견이 받아들여져서 여자아이처럼 입을 수 있었다.

초등학교 입학은 새로운 시작이었다. 다섯 딸 중에 둘째 딸, 아무에게도 예쁨받을 수 없는 위치였다. 하지만 딸이라는 이유로 구박과 무시를 받고 자랐는데, 학교에 가니 선생님은 유난히 나를 예뻐해 주셨다. 나를 예뻐해 주시는 선생님을 실망시키지 않기 위해 더 열심히 학교생활을 했던 것 같다. 타인의 칭찬과 사랑을 처음 받은 시기였던 것 같다.

할아버지의 사랑

마을의 유지이고, 상당한 재력가였던 할아버지는 선생님에 대한 공경의 표시로 자주 잔치를 열고 선생님을 초대하였다.

"어르신, 이렇게 초대해 주셔서 감사합니다."

"감사라니요, 저희 손녀들을 가르쳐 주시는 데 이런 대접이라도 해드려야 제 도리죠. 와주셔서 감사합니다 많이 드시고 즐겁게 노세요."

"혜련이가 어리지만 자기 앞가림도 잘하고 아주 영특한 것이 참 예쁩니다. 저희도 가르치는 맛도 나고요."

"부족한 저희 여식을 그렇게 예쁘게 봐주시니 참 감사합니다."

나를 향한 선생님들의 기대, 할아버지의 섬김은 나에게 자신감과 자부심을 심어주었고, 삶의 또 다른 꿈을 꿀 수 있게 해주었다. 또한 이 시간은 내 삶의 든든한 지원자가 되었다.

나는 할아버지와 자주 산책을 나갔다. 나 또한 할아버지와 산책시간이 기다려지고 즐거웠다.

"혜련아! 일어났냐?"

"네. 할아버지."

"혜련이는 나랑 들판 나가는 것이 좋으냐?"

"네. 저는 할아버지랑 이렇게 같이 다니는 것이 참 좋아요. 다른 아저씨들이 할아버지께 인사하는 것을 보면 제가 다 으쓱하거든요."

나는 할아버지와 함께 걷는 것이 좋았다. 걸으면서 동네 아저씨들을 만나는 것은 내 어깨를 으쓱하게 만드는 일이었다.

"어르신, 나오셨습니까?"

"수고가 많으이."

"어르신, 편안하시죠?"

"그럼, 박 서방도 잘 지내는가?"

"예. 어르신, 돌봐주셔서 감사합니다."

마을 사람들을 만나면 모두 할아버지에게 예와 존경을 표하였고 그 옆에 있던 나는 덩달아 기분이 좋아졌다. 어느 날부터 할아버지께서 하시던 대답을 내가 대신하여 "흠, 박 서방도 잘 지내지?" 하면 할아버지와 어르신들도 조그마한 것이 말도 잘한다며 더 귀여워해 주셨다.

하지만 그런 산책시간을 내가 더욱 기다린 이유는 할아버지의 해주는 말을 한마디라도 더 듣고 싶었기 때문이다. 할아버지께서는 무르익은 곡식이 널려있는 김제의 넓은 평야를 바라보시며 얘기하시길 즐겨 하셨다.

"혜련아! 저것이 무엇이냐?"

"쌀나무!"

"허허허 쌀나무? 그래. 쌀나무다. 저것이 다 누구거냐?"

"하부지거!!!!"

"아니, 다 네 것이다!"

그렇게 나를 인정해 주는 할아버지의 말을 듣고 싶었는지도 모르겠다. 바람에 흔들리는 그 많은 곡식이 심겨진 들판을 내 것이라고 해주시는 말씀은 마음을 풍요롭게 해주었다.

할아버지와 산책이 끝나고 집에 가면 나는 또 할아버지를 따라 할아버지 방으로 갔다. 할아버지 무릎에 앉아 당시엔 매우 귀했던 귤과 바나나를 간식으로 받았다.

집안의 중재자

집안의 절대적인 권력자인 할아버지의 귀여움을 독차지한 나는 아들보다 더 사랑받을 수 있다는 것을 깨달았다. 그래서인지 집안에서 무서운 사람이 없었다. 엄마를 구박하는 할머니도 무서워하지 않았다. 할머니께는

"할머니. 우리 엄마 혼내지 마세요! 우리가 아들보다 더 잘 할게요"

애원도 했고, 아버지께는

"엄마한테 잘해주세요!"

호소하기도 했다. 엄마는 그 말을 듣고

"니가 아들 열 몫을 해야 한다. 내가 아들을 낳지 못해서 할머니께 구박을 해도 할아버지는 자주 선물도 사주시고 위로해 주셔. 그러니까 너희들이 잘 자라서 은혜를 갚아."

이렇게 슬퍼서 엄마가 울고 있으면 할아버지는 엄마한테 다가와 말씀하셨다.

"어멈아. 너무 걱정 말아라. 혜련이가 아들로는 아니어도 아들 열 몫은 할 거다."

그리곤 나에게도 말씀하셨다.

"혜련아. 너는 보통 얘가 아니여. 니가 크면 너 때문에 먹고 사는 사람이 많을 거야. 네 인생은 저 들판 같을 것이다. 부족함이 없을거여."

나는 할아버지의 말이 뜻하는 바가 뭔지도 모르고 그 분위기에 압도되어 그 말씀이 당연하다는 듯이 고개를 끄덕였다. 한참 어릴 때 들은 말이지만, 할아버지 말씀이 너무 엄숙하셨던 탓인지 아직도 생생하게

기억난다.

이런 어린 시절을 보내서일까? 내가 두 개를 가지고 있으면 하나를 남에게 주어야 기뻤고, 그것은 자연스러운 일이었다. 나중에 갤러리 사업이 부도가 나서 힘든 상황에서도 어린 시절의 영향 때문인지 전혀 나는 기가 죽지 않았다. 오히려 당당했었다(이런 나의 모습이 다른 성도에게 오해를 사기도 했지만). 다 할아버지의 사랑 때문인 것 같다. 지금도 할아버지가 옆에 계시는 듯하다. 늘 옆에서 지지해 주시는 듯하다. 교회도 모르고, 예수님도 모르셨던 우리 할아버지는 왜 이렇게 나에게 복을 빌어주었을까? 만석군이라 그러셨나? 그렇게 넓고 풍요로움을 나에게 주셨던 할아버지로 인해 나는 온전히 하나님을 만나는 것이 어렵지 않았다.

나의 별이 지다

나의 든든한 버팀목이 되어주셨던 할아버지, 할아버지와 함께 하는 것은 영원할 것만 같았다. 하지만 할아버지와의 작별은 예기치 않게 찾아왔다.

내가 초등학생 시절, 어느 해인지는 잘 기억나지 않지만 설날이었다. 집안 어른들은 시내로 영화를 보러가셨고, 집에는 일하는 몇 사람과 할아버지 그리고 애들만 남아있었다. 할아버지와 우리는 간식으로

가정을 살리는 *女子*

인절미를 먹고 있었다. 그런데 갑자기 할아버지께서 기침을 하셨다.

"컥, 컥!"

인절미가 할아버지 목에 걸린 것이다. 할아버지의 얼굴이 벌겋게 되더니 기침을 자꾸 하셨지만, 인절미는 빠지지 않았다. 그리고 그대로 할아버지는 쓰러지셨다.

"할아버지! 할아버지! 왜 그래요? 정신 차리세요!"

"할아버지!!!!!"

너무도 놀란 우리는 어찌 손을 쓸 틈도 없이 눈앞에서 할아버지가 쓰러지시는 것을 멍하니 바라보았다. 그러다 정신을 차리고 이웃마을에 사시는 작은집으로 달려갔다.

"작은아버지! 할아버지가 이상해요. 빨리요!"

"왜? 할아버지가 어떻게 이상한데?"

"할아버지가 떡 잡수시다 쓰러지셨어요! 빨리요!"

"뭐라고??"

간신히 작은아버지께 할아버지가 쓰러지신 것을 알렸다. 그리고 그것은 할아버지의 마지막이었다. 어른들은 발빠르게 할아버지의 시신을 수습했고, 장례를 준비했다.

할아버지와 너무나도 각별한 시간을 보냈던 나에게 할아버지의 죽음은 큰 충격이었다.

"할아버지, 가면 안돼요. 나도 데리고 가!!! 엉엉"

"혜련아, 이러면 안 된다."

"할아버지, 나도 같이 갈래요. 나도 할아버지 따라 갈래."

나는 할아버지를 관에 넣는 것을 용납할 수 없었다. 좁고 차가운 관에 혼자 할아버지를 두어야 한다는 것을 받아들일 수가 없었다. 얼마나 입관하는 할아버지를 두고 울며 몸부림을 쳤는지 모른다.

지금도 밤하늘에 초승달을 보면, 할아버지가 쓰러지신 것을 알리기 위해 뛰어갔던 때가 생각난다. 그리고 할아버지에 대한 그리움이 사무친다.

새로운 친구

버팀목이었던 할아버지의 부재는 나의 시선을 다른 곳으로 돌리게 하였다. 지금까지는 친구라는 존재가 절실하지 않았다, 늘 할아버지와 넓은 집에 북적이는 손님들, 먹을 것이 풍부해 찾아오는 사람들이 많았다. 그러나 할아버지가 계시지 않는 집은 허전하고 외로웠다. 친구가 필요했다. 내가 교회를 알게 된 것은 한 친구가 나를 자기 집에 초대하고서였다. 집에서 제법 떨어진 곳에는 교회가 있었다. 그 동안 그 교회에 가볼 생각을 전혀 하지 않았고, 기회도 없었지만 그 친구의 초대로 교회에 처음 가보았다. 왜냐하면 그 친구네 집이 교회였으니까.

"혜련아. 오늘 우리 집에 놀러가지 않을래?"

"너희 집이 어딘데?"

"저기 뒤에 있는 교회가 우리 집이야. 같이 갈래?"

"그래. 같이 가자."

처음 방문한 교회 그리고 친구네 집의 모습은 나에게 신선한 충격이 되었다. 목사님의 사모님이자 친구의 어머니의 모습 때문이었다.

"엄마. 친구 데리고 왔어요."

"안녕하세요. 전혜련입니다."

"그래, 잘 왔다. 니가 공부 잘하고 선생님들 사랑을 독차지한다고 소문난 아이구나? 재미있게 놀다가려무나."

"네. 감사합니다."

"혜련아. 우리 빨리 놀자."

"그래. 근데 너희 엄마 참 예쁘다."

아버지는 정미소를 운영했다. 그곳은 늘 손님이 북적였다. 그로 인해 종갓집 맏며느리로서 살림도 해야 하고, 정미소 일도 도와야했던 엄마는 일에서 벗어날 수가 없었다. 학교에 부모님이 오셔야 할 때는 부모님이 아닌 집에서 일하는 언니가 대신 왔고, 하교 후에 날 맞아주던 사람은 엄마가 아니라 집안일을 해주던 언니였다. 엄마는 우리들에게 다정할 수가 없었다. 그럴 시간이 없었다. 엄마는 정미소에서 나오는 먼지로 싸여있었고, 그것을 벗길 여유도 없었다.

그런데 내가 본 친구 어머니의 첫 모습은 고운 옥색 치마저고리를 입고서 풍금 앞에서 풍금을 치며 노래하던 모습이었다. 그 모습은 엄마의 모습과는 너무 달랐다. 엄마는 일만 하는데, 이렇게 다르게 사는 사람도 있구나 싶었다. 그것이 내 눈에는 눈부시게 아름답게 보였다.

여성에 대한 희망과 자부심

교회에서 처음 본 친구 엄마의 모습은 내게 많은 생각을 던져주었다. 여자의 일생이 우리 엄마의 모습이 전부라고만 생각하며 살았는데, 그것이 아닌 삶도 있다는 것을 알게 된 것이다. 나는 고운 옥색 치마저고리를 입고 풍금을 치던 모습처럼 살고 싶었다.

'나도 다음에 어른이 되면 저분처럼 고운 모습으로 가정을 꾸미며 살아가야지. 저렇게 아름답게 노래 부르면서 살아야지.'

나를 열렬히 지지해 주던 지지자는 비록 세상에 없었지만, 나는 교회를 통해 새로운 돌파구를 찾을 수 있었다. 집에 가면 할머니는 여전히 무시했지만, 교회에 가면 나를 그대로 받아주는 사람들이 있었다. 친구 어머니, 친구, 언니, 오빠들과 함께 나는 새로운 관계를 맺을 수 있었다. 그 전에는 할아버지와 넓은 들판 걷는 것이 나의 놀이터였다면 이젠 교회와 교회 종탑이 나의 놀이터가 되었다. 나는 종탑을 좋아했다. 참 자주 종탑에 올라가서 놀았던 것 같다. 높은 곳에 올라가서

가정을 살리는 女子

아래를 바라보는 것이 마냥 좋았다.

"내가 저 세상을 정복하며 살거야!"

이런 다짐도 하면서 말이다.

교회에 가면 사모님은 늘 친절한 눈빛으로 맞아주었고, 언제나 내게 힘이 될 만한 칭찬을 해주었다. 나는 그 눈빛에서, 말투에서 할아버지를 그리워했다. 나에게 꿈을 주던 할아버지는 돌아가셨지만, 이젠 사모님이 대신해서 그 역할을 하는 듯 했다.

"혜련아. 나는 네가 변호사가 되었으면 좋겠구나. 그래서 억울하고 힘든 사람들의 입장을 풀어주는 그런 변호사로 살았으면 좋겠다. 그리고 내가 보니 너는 꼭 그렇게 될 것 같구나."

"네. 저도 그렇게 살고 싶어요."

"그래. 혜련이가 꼭 이룰 수 있도록 내가 기도할게."

이러한 말씀을 지속적으로 해주시는 사모님 때문에 교회가 더 좋았고, 교회에서 놀기를 더욱 더 즐겨했다.

지금 생각해 보면 어려워서 잘 알아듣지 못했던 목사님의 설교보다 사모님이 나에게 하시던 말씀이 더 큰 힘이 되었던 것 같다. 그 말을 들었을 때, 변호사가 하는 일이 무엇인지도 정확하게 모르지만, 왠지 나는 꼭 변호사가 되어야 할 것 같았다. 사모님의 말씀과 할아버지의 말씀이 나로 하여금 열심히 살게 만들었다. 최선을 다해서 공부했고, 결과적으로 초등학교를 우수한 성적으로 졸업하게 되었다.

할아버지의 죽음이 미친 영향

할아버지의 죽음은 나에게뿐만 아니라 엄마에게도 많은 영향을 미쳤다. 딸만 다섯을 내리 낳은 엄마를 미워하시고 구박하던 할머니의 보호막이 되셨던 할아버지가 돌아가시니 엄마는 그 구박을 고스란히 다 받아야만 했다. 아들을 낳지 못한 것은 철저하게 엄마의 책임이 되었다.

"어멈 너는 남의 집에 들어왔으면 대를 이을 자손을 낳아야지. 어찌 네가 해야 할 일을 제대로 하지 못하는 것이냐!"

"어머님, 죄송해요."

"죄송한 것은 아느냐. 나는 다른 여자에게서라도 손을 봐야겠으니 아무 말도 하지 말아라!"

"어머님, 제발 용서해 주세요."

"시끄럽다. 어디서 자꾸 말대답을 하는 것이야. 아범도 어여 내 말 대로 하거라!"

"어머니, 이 사람을 두고 어떻게 다른 사람과 합방을 하라십니까? 그것은 안 될 말입니다."

"아범아. 내가 그러면 손도 못보고 죽기를 원하는 것이냐? 아이고, 하늘도 무심하시지. 어찌 저런 것을 며느리라고 보게 하셨는지. 아이고 죽어서 내가 조상은 어찌 뵐까. 아이고…….."

"어머님, 진정하세요. 그러다 쓰러지세요."

가정을 살리는 女子

"네가 지금 나에게 병 주고 약 주는 게야? 다 필요 없다. 내 이러다 죽으면 그만인 것을. 아이고……."

"어머니, 제발 그만하세요. 어머니 시키는 대로 할게요."

"정말 내가 시키는 대로 할 생각인거지?"

"네. 그렇게 할게요. 여보, 미안해."

대성통곡을 하시며 억지를 부리시는 할머니를 아버지는 이길 수 없었다. 이날 아버지는 엄마를 안고 한참을 우셨다. 나는 엄마와 아버지가 이해되는 것은 아니었지만, 오랜 시간이 지난 지금도 그날은 잊히지 않는다.

이런 가정의 모습을 보고 자란 나는 할머니에 대한 미움, 엄마를 끝까지 지키지 못한 아버지에 대한 원망, 엄마에 대한 안타까움으로 가득했다. 남편이라는 남성상, 아내라는 여성상을 기대할 수 없었다. 남성에 대한 존경심보다는 내가 더 잘나서 더 큰 사람이 되어야겠다는 다짐밖에는 없었다.

아버지의 부도로 가족과 이별하다

할아버지가 돌아가시고 아버지는 세 개의 정미소를 운영했다. 공부만 하고 할머니 치마폭에 살던 아버지는 사업가로는 부족하셨던 것 같다. 내가 초등학교 졸업을 앞둔 어느 날 밤, 아버지는 언니와 나를 외할머니 댁으로 보냈다. 경운기에 쌀을 한가득 싣고서 무슨 영문인지도 모르고 외할머니 댁으로 갔다. 언니와 나는 그 다음날이 되어야 왜 우리가 여기에 왔는지 이유를 알게 되었다. 아버지가 운영하시던 정미소가 부도가 난 것이다. 부도가 뭘 의미하는지 정확하게 알진 못했지만 그것이 이별을 의미하는 것은 분명했다. 언니와 나는 외가에서 살아야 했고, 부모님과 동생들은 서울에서 새로운 터전을 개척해야 했다.

아버지의 부도는 이산가족이라는 새로운 환경을 만든 것으로도 모자라서 학업을 계속할 수 없을 것이라는 불안감과 꿈을 상실하게 만들었다. 다행하게도 외할머니의 도움으로 중학교, 고등학교에 진학할 수 있게 되었다.

외할머니 댁이긴 했지만 남의 집이었다. 이것은 어린 나에게 주변 상황을 빨리 파악할 수 있는 '눈치'라는 능력을 갖게 해주었다. 유유자적 놀며, 공부할 수 없는 현실이라는 것을 재빨리 파악하고, 공부하면서 짬짬이 집안 살림을 도왔다.

음식 만드는 것을 좋아했던 나에게 식사준비는 그나마 기쁜 일이었다. 맛있게 먹어주는 사람들을 바라보는 것은 흐뭇했다. 그렇지만 이런 상황은 삶을 지치게 만들었다. 그리고 미래의 소망을 잃게 만들었다. 하지만 공부를 손에서 놓을 수는 없었다. 나는 할아버지가 해주신 말씀이 마음에 있었기 때문이다.

"혜련아, 너로 인해 많은 사람이 먹고 살 수 있을거야. 네 나무에 깃

가정을 살리는 女子

들이는 새가 많을 것이다."

꿈을 잃다

지금 생각해 보면 꿈이 많아야 했을 중고등학교 시절은 그리 아름답
지 못했다. 특별한 추억없이 그저 하루하루를 지냈고, 힘든 환경을 탓
하며 지냈다. 어리석었던 것 같다. 다시 돌아오지 않을 그 시간을 그렇
게 아쉽게 보내다니 말이다. 그래도 감사한 것은 나는 그런 어려운 환
경 속에서도 교회에 발걸음을 끊지 않았다. 교회에서 예배하고 찬양하
는 시간은 삭막한 학창시절을 그나마 윤택하게 해주는 안식과 같은 시
간이었다. 찬양하는 시간은 또 다른 소망을 품는 시간이었다. 그렇다
고 하나님에 대해 온전히 안 것은 아니었다.

어려운 가정 형편이었지만, 나는 상위권의 성적을 유지하고 있었
다. 이런 나를 주변의 친척과 친구들은 칭찬을 했지만 이것은 나에게
진정한 위로가 되지 못했다. 그냥 하루하루 살아갈 뿐이었다. 꿈을 잃
은 것이다.

고등학교 3학년이 되어 진로를 결정할 시기가 되었다. 아버지는 나
에게 할아버지 유언을 말씀해 주셨다.

"혜련아. 할아버지는 너를 무조건 서울대 법대에 보내라고 하셨다.
네가 다행히 성적도 괜찮으니 서울대 법대를 지원해서 할아버지의 유

언을 따르길 바란다."

　나의 든든한 지원자였던 할아버지, 할아버지의 바람은 나의 진로를 결정해주었다. 나는 서울대 법대에 가기로 결심했다.

첫 걸음 그리고 실패

　서울대에 원서를 넣었으나 낙방한 나는 다시 시골로 돌아가고 싶지 않았다. 유일하게 나의 학창시절을 채워주었던 찬양을 마음껏 하고 싶었다. 그래서 아버지 몰래 OO대학교 종교음악과(현 교회음악과)에 지원하였다. 다행히 그곳은 합격하였다. 그곳을 등록하고 입학식을 기다리던 때에 우연히 MBC 합창단 단원모집 공고를 보게 되었다. 호기심으로 응시를 하였는데, 놀랍게도 합격하였다. 이 합창단 단원이 된 것은 사회생활의 첫 발이었고, 조직사회를 처음 경험하는 시간이었다. 그곳에서 이전에 알지 못했던 새로운 환경에서 다양한 사람들을 만나게 되었다.

　합창단에 합격하였다는 기쁨과 설렘은 정말 잠시였다. 그곳은 생활은 생각보다 많이 힘들었다. 가수들은 합창단원을 무시했고, 지휘자도 합창단원을 업신여겼다. 그곳은 너무 어두웠고 나는 스스로 그곳을 떠났다.

　　　　　　　　　　　　　　　가정을 살리는 女子

그리고 대학에 입학한 후에 우울한 가정으로부터 탈출을 자축하듯 나는 자유를 만끽하고 싶었다. 그래서 여러 동아리 활동을 하였다. 그 당시만 해도 낯선 스킨스쿠버, 볼링, 패러글라이딩은 나를 사로잡았다. 거기엔 호기심이 한 몫을 한 것 같다.

내가 종교음악과에 지원한 가장 큰 이유는 하나님에 대한 갈망을 아름다운 찬양으로 만들어 하나님께 영광 돌리고 싶었고, 그 곡을 듣는 많은 사람이 위로받기를 원해서였다. 그래서 학교생활은 기쁨의 나날이었다. 이렇게 즐거움과 호기심으로 시작된 대학생활은 첫 중간고사와 한 번의 축제로 끝났다.

이유는 아버지께 끌려갔기 때문이다. 재수를 원하셨던 아버지를 거역하고 나는 마음대로 진로를 변경했기 때문이다.

"너 얼른 나랑 같이 집으로 가자. 대학도 떨어진 것이 여기 있어서 뭐 하려고 해!"

"아버지. 싫어요. 저는 여기서 하고 싶은 공부를 할 거예요!"

"이것이 말을 안 듣고 어디서 부모를 거역하니! 얼른 내려가!"

"혜련이, 너 이 애비 말 안 듣고 네 멋대로 살려고 했으니 이리와. 당장 머리 깎고 집 밖으로 한발자국도 못나갈 줄 알아!"

"아버지. 안돼요!"

"시끄럽다. 어디서 애비한테 대들어!"

"내 인생인데 왜 아버지가 맘대로 해요!"

"네가 내 손에 있을 때는 내 맘대로야! 어디서 딴따라 짓을 하려고 해! 재수해서 다시 대학에 갈 준비나 해!"

나는 이렇게 아버지 손에 끌려 시골집으로 내려갔다. 그리고 정말 머리를 깎인 후에는 집에서 한발자국도 나갈 수 없었다. 유일한 벗은 찾아오는 동네 친구였다. 그리고 유일한 낙은 그 친구와 하는 신세한 탄이었다.

"혜련아. 우리 이러다 이대로 인생 끝내는 거 아니니? 그러면 너무 섭섭하지 않겠니?"

"왜 우리가 여기서 끝내? 아니야. 난 꼭 여기서 벗어나서 성공할거야! 우리 할아버지가 늘 나에게 말씀하셨어. 사람은 배운 만큼 성공 한다고."

알 수 없는 두려움이 나를 주저앉게 만들 것만 같았다. 하지만 나는 거기서 주저앉을 수 없었다. 나 스스로에게 신념을 불어넣어야 했다.

다시 일어서기

아버지는 사업에 실패했고, 종갓집 장손으로 딸만 다섯을 낳았다는 죄책감과 부담감을 안고 살아갔다. 그러나 스스로 감내하지 못하시고 술과 폭력으로 표현하시 시작했다. 아버지답지 않은 모습은 많은 실망

가정을 살리는 女子

을 안겨주었다. 또 우연히 보게 되었던 아버지의 외도는 아버지를 향한 증오심을 자라게 했다. 그런 아버지에게 잡혀서 꿈도 없이 살고 있는 내 자신이 한심했다.

아버지와 음주와 폭력을 견딜 수 없던 나는 이대로 있다가는 죽을 것만 같았다. 그래서 돌파구를 찾아다니기 시작했다. 그 돌파구는 이모 댁으로 가는 것이었다. 이모부는 초등학교 교장선생님이셨고, 내가 그곳으로 가면 나를 이해하고, 내가 다시 꿈을 가지고 살도록 도와줄 것이라고 생각되었다.

이모 댁에서 지내면서 진로에 대해 많은 고민을 했다. 그리고 과감히 나는 종교음악과에서 신학교로 편입을 하였고, 새로운 학교생활을 시작했다. 학교를 다니면서 강남의 한 아파트 상가에서 음악학원을 하는 선배의 권유로 아이들을 가르치면서 새로운 꿈을 꾸었다. 학원에 나오는 아이들과 함께 청소년 오케스트라를 만들고 싶었다. 결국 나는 오케스트라를 창단했고, 연주도 다니면서 많은 사람에게 찬양을 들려주었다.

열심히 학교생활을 했고, 학원에서 아이들을 가르치면서 열심히 살고 있었는데, 학내에서 학장실에 오물을 투척하는 사건이 일어났다. 학교에 대한 회의가 일었고, 학업을 계속해야 하는지에 대해 고민하게 되었다.

그러다가 미국에서 오신 선교사 한 분이 내가 지휘하는 오케스트라의 모습을 보게 되었다. 그리고 나에게 미국에서 공부할 의사가 있는지 물었다.

"혜련 씨. 혹시 미국에서 공부할 생각 없어요?"

"공부요?"

"네. 며칠 지내면서 혜련 씨를 보니 혜련 씨가 하나님에 대한 소망을 품고 공부를 하면 좋겠다는 생각이 드네요. 어때요?"

"지금 당장 답 드리기는 이곳에서 하는 일이 있기 때문에 곤란하고 며칠 생각해 볼게요. 제안해 주셔서 너무 감사드려요."

학장실 오물 투척 사건 이후에 나는 학업을 중단하고 학원운영에 동참하고 지내고 있었다. 하지만 선교사님의 제안은 거절할 수 없었다. 그 꿈과 소망을 버릴 수 없었다. 그래서 학원은 함께 운영하던 선배에게 잠시 맡기기로 했다.

"선배, 제가 미국에 가서 공부를 하려고 해요. 그래서 선배님께 부탁이 있어요."

"얘기해 봐. 내가 도울 수 있는 것이면 도와줄게."

"지금 학원 때문에 마음 편히 제가 나갈 수가 없어요. 그래서 선배님께서 제가 돌아올 때 까지 이 학원을 대신 운영해 주실 수 있을까요?"

"그래. 내가 특별히 더 신경 쓸 것은 없으니까 그렇게 하도록 할게. 하고 싶은 공부 열심히 하고 돌아오면 다시 혜련이 너한테 학원은 돌려주면 되니까."

"고마워요. 선배 덕분에 한시름 덜고 움직일 수 있게 됐어요."

막연했던 꿈

나는 미국 워싱턴으로 갔다. 그곳은 낯선 환경이었지만 새로운 희망과 도전으로 나를 흥분하게 만들었다. 매일이 기쁨이었다. 한국에서 짧은 만남이었지만 강하게 복음을 외치던 목사님을 찾아 워싱턴 지구촌교회를 방문하였다.

미국에서 생활하는 것이 생각보다는 두려움이 있었지만, 한국에서 함께 연주하면서 보냈던 오케스트라 아이들과 미주 순회연주를 위한 준비를 했다. 여러 교회의 도움으로 아이들을 초청하여 미주 순회공연을 할 수 있었다. 총 열두 교회를 다니면서 연주했고, 큰 기쁨을 맛보았다. 마지막 연주 장소였던 하와이에서 아이들은 모두 한국으로 돌아갔다. 나는 하와이에 사는 친구 집에서 잠시 묵게 되었다.

"혜련아, 앞으로 어떻게 지낼거야? 미국 온 길에 머무를 수 있는 방법도 있을거야. 한국 갔다 다시 오려면 쉽지 않을텐데?

"응. 나도 그렇게 하고 싶어. 한국에서는 아버지의 간섭 때문에 내가 하고 싶은 것을 못하니까 미국에 남아 내 뜻을 이룰 수 있는 공부를 하려고 해."

"그렇구나. 그래. 넌 의지가 강한 사람이라 충분히 할 수 있을거야. 내가 응원해 줄게."

"그래. 고맙다."

친구의 응원에 힘입어 워싱턴으로 돌아가고자 했다. 하지만 아버지의 협박과 독촉은 자꾸만 나를 위축되게 만들었다. 그 협박을 무시하기란 쉽지 않았다. 하지만 피할 수 없다면 즐기라고 하지 않았던가. 하와이의 아름다운 풍광을 협박에 억눌려 놓칠 수만은 없었다. 그리고 LA에 친구가 살고 있다는 것을 생각하고선 LA로 다시 거처를 옮겼다. 그곳에서 일을 하면서 학업을 하고자 직장을 구했지만, 학생비자로는 오랜 기간 머물 수가 없었다. 비자를 갱신하지 못하고 있는 상황에서 아버지는 "여전히 거기서 뭐하냐? 여자는 밖으로 돌면 깨진다"라는 협박을 했다. 앞으로 가고자 하나 갈 수 없는 상황에 나는 아버지를 이기지 못했다.

다시 한국으로

다시 한국으로 돌아왔다. 한국으로 오긴 왔지만 암울하고, 어두운 미래로 좌절했다. 그래도 운영하던 학원을 돌려받으면 될 것이라는 희망은 있었다. 하지만 선배의 개인적인 여러 사정 때문에 나는 학원을 인수받을 수 없었다.

미국에서도, 한국에서도 마음먹은 대로 되지 않는 것이 인생이라는 것을 깨달았다. 그래도 주저앉지는 않았다. 모 출판사 목사님의 도움으로 모퉁이돌 찬양단을 조직했다. 모퉁이돌 찬양단은 금관 5중주로 구성하였고, 성경공부를 하며 전국 순회공연을 하였다. 연주회를 하면서 잠시 접어두었던 하나님을 찬양하는 꿈을 펼치기 시작했다.

지금보다 더 현실적으로 꿈을 실현하기 위해서 자금이 필요했다. 그래서 목동 신시가지에 학원을 오픈했다. 하지만 시장조사를 제대로 하지 못해서 엉뚱한 위치에 학원을 열었다. 당연히 학생 수는 많지 않았고, 심적인 부담만 가중될 뿐이었다. 최고의 시설과 최고의 선생님으로 이루어진 학습공간을 만들었지만 그곳에서 배우고자 하는 학생의 수는 턱없이 부족했다.

학원 운영난을 극복하기 위해 방법을 간구하던 중에 같은 건물에 있던 교회에 학원을 교육관으로 사용할 수 있도록 개방하기로 했다. 평일 저녁에는 여러 교회의 집회장소로, 주일에는 주일학교 교육관으로 개방하였다. 그리고 찬양단 공연도 하면서 내 믿음이 자라는 듯 했다. 내가 운영하는 학원이 하나님 일에 사용된다는 것이 기쁨이며, 자랑이었다.

하지만 이런 나의 순수한 의도와는 달리 학원을 교육관으로 사용하는 것에 대한 좋은 않은 소문이 돌았다. 나는 그 교회에 더 이상 나갈 수 없게 되었고 급기야 학원의 문을 닫아야 하는 상황에 이르렀다.

학원 운영의 어려움을 교육관으로 교회에 기꺼이 내어주며 만족하고자 했던 나는 과감히 학원 운영을 중단하기로 결정했다.

가정을 살리는 女子

결혼 그리고 그 이후

우연한 만남

야심차게 시작한 학원을 접기로 결정했지만 아쉬움이 컸다. 그래서 학원 아이들과 마지막을 기념하기 위해 함께 여행을 가기로 했다. 여행 장소는 양수리였다. 그곳에서 식사를 위해 한 식당으로 들어갔는데, 구석에 있는 한 남자를 보게 되었다. 그곳에서 그림을 그리며 생활하는 사람이라고 했다. 잠시 그때를 회상하자면 그 사람의 눈동자는 참 맑다고 생각했던 기억이 난다.

"안녕하세요. 여행 오셨나 봐요? 잠시 합석해도 될까요?"

"아. 네. 그러세요. 원장님하고 아이들과 함께 스케치 여행 왔어요."

"그렇군요. 저는 이곳에서 지내면서 그림 그리는 사람입니다."

"그림 그리세요? 반갑습니다."

"식사 다 하셨으면 제 작업실 보여드리고 싶은데 어떠세요?"

"네. 구경하고 싶네요. 보여 주세요."

식사를 하고 있던 우리 일행에게 다가온 그림을 그린다는 남자는 본인을 소개하며, 자신의 작업실을 보여주었다. 작업실을 구경하겠다며 그 남자를 따라나선 학부형들을 나 몰라라 할 수 없어서 내키진 않지만 나도 발걸음을 옮겼다.

"선생님은 작업실 구경이 마음에 안 드시나 봐요?"

"아닙니다. 괜찮아요. 시간이 늦은 것 같아서 서울로 출발하려고 생각하고 있었어요."

"아! 그러세요. 그러면 염치없지만 저도 묻어서 서울에 가도 될까요? 서울에 가서 볼 일이 있거든요."

"그렇게 하세요."

그 남자는 서울로 돌아가려는 우리 일행 차에 염치 좋게 합승했다. 일이 있어서 서울에 간다던 그 남자는 서울에 도착하였는데도 차에서 내릴 생각을 하지 않았따. 결국엔 내가 먼저 입을 열었다.

"그럼 안녕히 가세요. 일 잘 보시구요."

"저, 원장님 댁은 어디세요?"

"네? 그건 왜 물어보세요?"

"이렇게 만난 것도 인연인데 제가 댁까지 배웅해 드리려고요."

"아닙니다. 괜찮습니다. 일이 있다고 하셨으니 일 보세요. 저한테 신경 쓰지 않으셔도 돼요."

"아닙니다. 모셔다 드리고 제 볼일을 봐도 늦지 않으니까 거절하지

마세요."

그 남자를 떼어놓고 가기에는 시간이 너무 늦었고, 실랑이를 계속
하기에는 피곤해서 나는 하는 수 없이 집으로 향했다. 집으로 가는 길,
그 남자는 드디어 자신의 본심을 말했다.

"원장님. 실은 제가 원장님을 처음 본 순간 만나보고 싶다는 생각이
들어서 원장님께 서울까지 데려다 달라고 한 것입니다. 저와 교제하시
면 어떨까요?"

"네? 전 너무 어이가 없네요. 됐습니다. 안녕히 가세요!"

"거부하지 마시고 생각해 보세요. 저 내일 또 오겠습니다."

"오셔도 소용없습니다!"

청혼

나를 따라서 집까지 쫓아와 교제할 것을 말했지만 나는 단번에 거절
했다. 그 사람은 단지 그날 우연히 만난 사람일 뿐이었다. 하지만 쉽게
포기하지 않았다. 다음날도 찾아와서 다시 만나 줄 것을 얘기했다. 그
리고 예수님에 대해서 알고 싶다고 말했다. 다른 말에는 미동도 하지
않았는데, 예수님을 알고 싶다는 말에 나는 그냥 지나칠 수 없었다. 성
경을 꺼내들었다. 밤이 새도록 성경을 보여주며, 예수님에 대해 말해
주었다.

감사하게도 그 남자는 내가 전한 예수님에 대해 더 알고 싶어 했다. 더 깊은 복음을 맛보고자 했다. 그래서 그 남자를 평소에 알고 지내던 교회 목사님께 소개했다. 나는 거기까지만이 내 일이라고 생각했다. 하지만 목사님은 처음 나오는 사람을 그냥 두면 정착하지 못한다면서 얼마만이라도 함께 다녀주라고 권유했다. 그래서 몇 주만 함께 다니자 결심하고 함께 교회를 다녔다. 그렇게 몇 주를 보내다보니 생각보다 사람도 괜찮았고, 또 친해지게 되었다. 그렇게 만난 지 두 달쯤 되었을 때, 그 남자는 평소에 자신이 생각했던 결혼에 대해 얘기했다.

"혜련 씨. 제 결혼관에 대해 말씀드리고 싶습니다."

"결혼관이요?"

"네. 저는 결혼은 꿈도 꾸지 않았던 사람입니다. 제 인생에서 결혼이라는 것은 없는 글자였습니다. 그런데 혜련 씨를 만나면서 결혼이 하고 싶어졌습니다. 저는 바뀌었습니다. 압구정동에 천사가 나타나면 결혼을 하려고 마음먹었습니다."

"압구정동에 천사요?"

"네. 그래서 그 천사와 함께 갤러리에서 약혼식을 하고, 결혼해서 행복하게 사는 것이 저의 꿈입니다. 저와 결혼해 주시겠습니까?"

이상하게도 그 남자의 청혼이 싫지 않았다. 설렘과 염려가 공존했지만 새로운 출발에 대한 기대도 있었다. 하지만 나는 그림에 대해서 문외한이었다. '그 남자가 원하는 갤러리, 그림 전시에 대해서 내가 과연 도움이 될까'라는 염려가 있었다.

결혼식 준비

아는 것이라고는 그림 밖에 없는 사람이었기에 전시회에 들어가는 비용에 대해서는 아무것도 몰랐다. 막막하기만 했지만 나는 전시회 오픈에 필요한 모든 것을 준비했다. 그 남자가 벌려놓은 일을 뒷수습하면서 여기저기 장소를 알아봤다. 다행히 대치동에 있는 한 갤러리에서 전시회를 할 수 있게 되었다.

전시회 장소를 구했다고 해서 문제가 다 해결된 것은 아니었다. 나는 그때까지도 그 남자를 부모님께 소개하지 못했다. 어떻게 소개할지 막막했다. 다섯 딸 중에 나에게 거는 기대가 가장 높다는 것을 알고 있었기에 더욱 부모님께 소개할 수 없었다. 부모님 눈에 그 남자는 마땅찮을 것이다. 전시회 날은 다가오고, 내 마음속에 불안감은 커져갔다. 더 이상은 미룰 수 없었다. 그래서 전시회 날에 부모님께 그 남자를 소개하기로 결정했다.

전시회 첫 날, 부모님을 전시회 장소에 초대했다. 그곳에서 부모님과 그 남자의 첫 만남이 이루어졌고, 동시에 깜짝 약혼식을 치뤘다. 물론 부모님은 많이 당황하셨다. 부모님께 너무 죄송했지만, 많은 사람들 앞에서 우리의 결혼을 약속하고 확인받는다는 것이 기뻤고, 행복했

다. 부모님은 이미 엎질러진 물이라고 생각하셨는지 별다른 말씀이 없었다.

약혼식과 전시회는 성공적이었다. 처음으로 준비한 전시회였지만 많은 사람이 왔다. 전시되었던 작품 38점 중에 36점이 판매되었다. 그 남자도 놀랐고, 나도 놀랐다. 내게 이러한 재능이 잠재되어 있는 줄 몰랐다.

그렇게 전시회는 성황리에 마쳤다. 이제 우린 본격적인 결혼식에 대해 논의해야 했다. 결혼식 날짜는 어린이날로 했고, 장소는 그 남자의 모교인 경복고등학교 교정에서 하기로 했다. 교정을 꾸미는 것은

       가정을 살리는 *女子*

그 남자의 후배들이 맡기로 했고, 축가는 내가 지휘했던 오케스트라 단원이 맡기로 했다.

신혼집은 그 남자 성경공부를 돕기 위해 소개받은 교회 집사님의 건물로 정했다. 삼풍백화점 앞에 상가를 건축 중이셨고 결혼식 즈음에 준공이 되어 저렴하게 구할 수 있었다. 집 문제가 해결되니 나머지 결혼 준비는 조금 편하게 진행할 수 있었다.

그렇게 하나씩 준비는 마쳐갔다. 하지만 나는 마음 한구석은 언제나 불편했다. 부모님이 내 결혼을 탐탁찮게 여기시는 것이 못내 속상했다. 게다가 나는 그때까지 시부모님을 뵙지 못한 상태였다. 우리 집에 인사를 한 그 남자는 여전히 나를 시부모님께 인사를 시키지 않았다. 결혼식은 다가오는데, 시댁 식구들과 인사는 미뤄지기만 했다. 그러다가 결혼식 이틀 전에 겨우 뵐 수 있었다.

그 남자의 사연

처음으로 시부모님을 뵙는 자리이기에 두렵고 떨렸다. 그런 마음을 누르며 그 남자를 따라 후암동 골목 어딘가에 있는 시댁에 가게 되었다. 가서 보니 왜 그 남자가 그토록 미뤄왔는지 이유를 알게 되었다. 연로하신 아버님, 중풍을 앓고 누워계신 어머님, 다른 방에서 AFKN을 보고 있던 그 남자의 형님. 그 남자의 가족의 전부였다. 나는 그 집에 가서 비로소 그 남자의 속 깊은 얘기를 들을 수 있었다.

그 남자의 집은 제법 잘 살았다고 한다. AFKN을 보고 있던 형님이 병을 앓기 전까지는 말이다. 그 남자의 형님은 서울대 약대를 다니다가 군대를 갔는데, 거기서 정신질환을 앓게 되었다고 한다. 그래서 시댁은 그 형님을 치료하고자 많은 노력을 했고, 그로 인해 가계가 많이 어려워졌다고 했다.

그림을 공부하던 남편은 집안이 어려워지자 학원레슨비를 받을 수 없게 되었다. 그래서 숙식을 학원에서 해결하면서 그림을 공부하던 시절도 있었다고 한다. 어렵게 대학에 들어가서는 운동권에 들어가서 참여하다가 쫓겨나기를 수차례 반복했고, 대학을 무려 7년 동안 다녔다고 했다. 그 남자나 나나 대학 다니기가 순탄치 않았다는 공통점을 발견했다.

우여곡절 끝에 대학을 졸업한 그 남자는 모 신문사 예술문화부 기자생활을 했다. 압구정동에서 입시합격률이 높은 미술강사도 했다. 돈도 제법 벌었지만 워낙 술을 좋아하다보니 모두 술값으로 나가고 없더란다. 그래서 모든 것을 포기하고 양수리로 내려갔는데, 거기서 나를 만난 것이다. 그림을 그리는 실력이 제법 있었지만 술과 친구 때문에 삶을 거의 포기하고 살다시피한 그 남자는 나를 만나고 새로운 인생을 시작했다고 했다. 나는 그 집에 가서야 그 남자에 대해서 더 깊이 알 수 있었다. 그 남자의 아픈 얘기를 듣고 보니 결혼을 해서 그 남자

가정을 살리는 *女子*

를 위로하고 싶은 마음이 생겼다.

준비되지 않은 결혼

시댁에 인사를 하고 이틀 후 우린 결혼을 했다. 이제 그 남자는 내 남편이 되었다. 결혼 후에 남편이나 나나 친구가 많았다. 그래서 집들이는 한 달 가량 하였다. 결혼 전에 나는 남편의 술 취한 모습을 보지 못했다. 그런데 집들이로 인해 거의 매일 술 취한 남편을 보게 되었다. 첫 집들이 후에 있었던 일이다. 아침에 일어나니 침대가 젖어 있는 것이 아닌가?

"여보. 이상하게 침대가 젖었네."

"아. 그거. 내가 목이 말라서 물을 마시다 흘려서 그래."

"그래요? 그럼 두면 마르겠네."

나는 아무 의심 없이 그 말을 믿었다. 하지만 술에 취한 후엔 자주 침대가 젖었다. 그 일이 반복되자 이상한 생각이 들었다. 그러던 어느 날 단골 세탁소에 남편 바지를 가지고 갔다.

"사모님. 나오셨어요?"

"네. 안녕하세요? 옷 맡기려고 왔어요."

"그러세요. 저 그런데 사모님. 다음부터 원장님 옷을 맡기실 때 바지만 주지 마시고 상의도 함께 주세요."

"상의도 같이요? 왜요?"

"이유를 모르세요?"

"네. 왜 그러시는데요?"

"아, 정말 모르시나보네요. 그럼 오늘 가져오신 바지 앞부분을 만져 보세요."

"네. 이상하게 뻣뻣하네요?"

"그렇죠? 실은 왜 그러냐면요, 오해하지 말고 들으세요."

"네. 말씀해 보세요. 왜 그런 건데요?"

"이렇게 뻣뻣한 것은 소변을 본 바지라서 그래요. 물에 젖은 것은 마르면 원상태가 되지만 소변이 묻은 바지는 뻣뻣해 지거든요."

"소변이요?"

"네. 아마도 원장님께서 술을 드시고 실수를 하신 것 같아요. 가지고 오시는 바지마다 그렇거든요."

"어머. 저는 몰랐어요. 남편은 물을 흘린 것이라고 했거든요."

"제 말이 맞을 거예요. 그러니까 앞으로는 상의와 함께 주셔야 상하의 색이 다르게 되는 것을 막을 수 있어요."

"네. 안녕히 계세요."

애써 괜찮은 것처럼 했지만, 세탁소에서 나는 너무 당황했다. 그래서 그날 밤 남편에게 넌지시 물어봤다.

"여보. 아까 세탁소에 갔더니 세탁소 사장님께서 당신 바지를 보더니 소변이 묻어서 뻣뻣한 것이라고 하던데."

"뭐? 소변? 아니 무슨 소리를 하는 거야? 그러면 내가 바지에 오줌이나 싸면서 다닌다는 거야?"

"그게 아니라 물이 묻은 것은 뻣뻣해지지 않는다고 하더라고."

"그러니까 내가 오줌을 쌌기 때문에 바지가 뻣뻣하다고 하는 거 아냐. 내 이 새끼를 죽여 버릴거야!"

"그러지마. 참아. 그 아저씨가 잘못 알고 얘기했나봐."

"그러는 너는 알지도 못하면서 나한테 오해해? 네가 이렇게 남편을 무시하니까 세탁소 주인마저 나를 무시하지. 너 그렇게 잘났냐? 너도 죽고 싶냐?"

남편의 안색이 갑자기 변했다. 남편은 소리를 질렀고, 물건을 던졌고, 나에게 폭력을 가했다. 이 일은 내가 결혼한 지 한 달 만에 일어난 일이었다. 내가 바로 그 '매 맞는 아내'가 된 것이다.

끝이 아니라 시작

그날 밤이 새도록 남편은 나를 때렸다. 도저히 견딜 수 없던 나는 건물 밖으로 도망쳤다. 그 건물에 살림을 하는 집이 우리 집 밖에 없었기 때문에 남편은 주위를 신경 쓰지 않고 폭력을 행사할 수 있었다. 그 누구에게도 도움을 받을 수 없던 나는 결국 도망을 선택한 것이다. 도망가는 나를 남편은 또 기어이 찾아냈다. 그리곤 이리저리 끌고 다니면서 다시 때리기 시작했다. 그 와중에 옷도 다 찢어졌다. 우여곡절 끝에 남편의 손아귀에서 도망친 나는 새벽까지 성모병원 뒷산에 숨었다. 그리고 결혼 주례를 해주신 목사님께 전화로 도움을 요청했다.

"목사님. 저 혜련 자매예요."

"네, 이 시간에 무슨 일이세요?"

"목사님. 저 무서워요. 남편이 폭행을 해서 도망 나왔어요. 저 좀 살려주세요."

"네? 지금 어디세요?"

"여기 성모병원 뒤에 있는 산이에요."

"네. 조금만 기다리세요. 제가 금방 갈게요."

"목사님. 저 옷도 다 찢어졌어요."

"알겠어요. 옷도 챙겨 갈게요."

목사님은 내 사정을 아시고 목사님 아들과 함께 옷을 가지고 나에게
오셨다.

"혜련 자매님. 이게 무슨 일이예요?"

"목사님, 저 너무 무서워요. 남편이 너무 무서워서 맞다가 죽을 것
같아서 도망 나왔어요. 저 어떻게 해요?"

"우선 저와 함께 저희 집으로 가세요."

나는 우선 갈 곳이 없었고, 너무 놀라서 목사님 댁으로 갔다. 그곳에
가서 나는 기절한 듯이 잠이 들었고, 삼일 내내 잠만 잤다고 했다.

잠에서 깨고 나니 남편이 와 있었다. 남편이 사모님께 뭐라고 했는
지 모르지만, 사모님은 보신탕을 만들어서 남편을 대접하고 있었다.
보신탕 한 그릇을 먹은 남편은 나에게 애원하고 빌면서 다시는 그러지
않겠다고 용서해 달라고 했다.

"여보 미안해. 내가 제정신이 아니었나봐. 내가 미쳤었나봐. 잘못했
어. 다시는 때리지 않을게. 한번만 용서해 주고 같이 집으로 가자."

"그래. 혜련 씨. 남편이 이렇게 사과하니까 한 번 용서해 주고 집으
로 가. 신혼인데 떨어져 지내면 안되지."

"여보. 제발 같이 가자. 여기 계속 있으면 목사님도 불편하실 거야."

"정말 다시는 때리지 않을 거죠?"

"그래. 약속할게. 다시는 손대지 않을 거야."

"알았어요. 그러면 집으로 가요. 사모님. 폐를 끼쳐서 죄송했어요."

"아니야. 혜런 씨. 얼른 몸 추스르고 나쁜 기억은 빨리 잊어."

그러나 그것은 현명한 방법이 아니었다. 내가 나중에 상담 사역을 하면서 알게 된 것인데, 폭행을 당한 아내는 곧바로 집에 들어가는 것은 현명하지 못한 처사였다. 그래서 지금은 상담 중에 폭행당한 아내를 만나면 절대 집에 들어가지 말 것을 권한다.

다시 집으로

남편과 집에 돌아가기 위해 택시를 탔다. 택시 안에는 침묵만 흘렀다. 그 침묵을 견디지 못한 남편은 내 손을 잡으며 안심하라고 했지만 잡은 손에서 번지는 땀은 나를 더 불안하게 했다. 그날 밤을 맞겠다는 생각이 들었다(그 생각이 드는 순간 도망쳤어야 했다). 그래도 남편이 그렇게 싹싹 빌었는데 또다시 폭력을 행할까 싶었다. 그런데 집에 도착해서 택시에서 내리니 남편의 눈빛은 변했다. 엘리베이터를 타는 순간 그 표정은 너무 섬뜩했다.

"그래. 네가 남편을 무시해도 유분수지. 어디 교회 사람들한테 맞았다고 소문을 내!"

"여보. 잘못했어요. 다신 아무 얘기도 안할게. 한번만 용서해 줘요."

"시끄러. 네가 그렇게 목사 집에 가서 지낸 게 소문이 날거고 그러면 교회 사람들도 다 알게 될 테고 사람들이 나를 무시하지. 너 오늘 알아서 해!"

"악! 안 그럴게요. 당신 얘기 안 할 테니 용서해 줘요. 살려 줘요."

"살고 싶다는 게 그런 어리석은 짓을 해? 너 웃긴다. 그렇게 내가 우습니? 교회에서 사람들이 알아주니까 남편이 아주 우습지?"

"아니야. 당신 우습게 본 적 한 번도 없어. 악!"

남편은 자기를 교회 사람들 앞에서 망신을 줬다면서 폭언과 폭력을 내뱉기 시작했다. 그렇게 폭행을 당하며 나는 이제 이 사람과 끝내야겠다고 생각했다. 더 이상은 내가 견딜 수 없을 것 같았다.

굳게 결심했지만

하지만 나는 끝낼 수 없었다. 딸만 다섯인 친정에서 바로 아래 동생이 먼저 결혼을 했고, 큰 언니, 그 다음에 둘째인 내가 결혼을 했다. 부모님이 많이 실망했던 남편이었다. 결혼을 반대하시면서 "비단을 골라주니 삼베를 골라왔다"고 화내시는 것을 설득해서 잘 살겠다며 강행했던 결혼이다. 그런데 잘 사는 모습을 보여 주기는커녕 매 맞고 사는 모습, 그래서 이혼하겠다는 말을 나는 할 수 없었다.

그렇게 매번 맞고, 쓰러지는 것이 일과가 되어버렸다. 그러던 어느 날, 친정엄마가 갑자기 우리 집에 오게 되었다. 매를 맞아서 만신창이가 된 내 모습을 보여 줄 수 없다고 생각한 남편은 나를 방에 가두고 내가 외출했다고 거짓말을 했다. 나는 방에서 애타게 엄마를 불렀지만, 그것은 목구멍 안에서 일어난 일이었다. 남편은 엄마에게 태연하게 너스레를 떨었다. 그 소리를 듣는 나는 그곳이 지옥 같았다. 계속해서 소리를 지르고 싶었지만, 성대의 떨림은 소리가 되지 못했다.

"장모님, 오셨어요? 이 사람 외출했는 데 어쩌죠?"

"외출했어? 연락을 안 하고 왔으니 할 수 없지."

"연락을 주셨으면 집에 있으라고 하는 건데 죄송해요."

"아니야. 여기 김치를 담가서 가져왔으니 맛있게 먹게."

"장모님. 이렇게 신경 써 주셔서 감사합니다. 잘 먹겠습니다."

"우리 것 담그는 김에 조금 더 한 거니까 그리 신경 쓰지 않아도 돼. 그럼 난 이만 가보겠네."

"네. 장모님. 그럼 살펴 가세요. 모셔다 드리지 못해 죄송합니다."

엄마가 간다는 소리에 나는 죽을 힘을 다해 몸을 일으켰다. 그리고 침대 옆에 있던 컵을 던졌다.

"쨍그랑!!!"

"이게 무슨 소린가? 누가 있나?"

"글쎄요. 저는 못 들었는데요. 무슨 소리 났습니까?"

"아닐세. 내가 잘못 들었나보이. 그럼 이만 감세."

"네. 애들 가르칠 시간 다되어서 멀리 배웅 못갑니다. 살펴 가세요."

엄마를 보내고 방에 들어온 남편은 다시 폭행을 시작했다.

"네가 정말 죽고 싶어서 환장을 했지. 어디서 반항을 하고 있어?"

"여보. 나 살려줘요. 나 좀 놔줘요. 나 이대로 놔주면 아무데서도 당신한테 맞았다고 입도 뻥긋하지 않을 테니 제발 나 좀 살려줘요."

"허, 웃긴다. 네가 아무 소리 안한다고? 그 말을 내가 믿으라고?"

"정말 안 해요. 제발 믿어줘요."

"웃기지 마. 어디서 거짓말을 하고 있어? 내가 그 말을 어떻게 믿어? 지금도 장모님한테 들킬 뻔 했는데?"

"그건 내가 잘못했어. 다신 그런 일 없을 거야. 한번만 봐줘요. 제발."

"수작부리지마. 오늘 너 죽고 나 죽는 거야!"

퍽!

"악!!!!"

그러나 사람이 죽으라는 법은 없나보다. 딸네 집에 왔다가 허탕치고 내려가려던 엄마는 두고간 물건이 생각나서 되돌아왔다. 그런데 문을 아무리 두드려도 사람이 나오지 않았다. 그래서 엄마는 전화를 걸었다. 그때 남편은 나를 때리느라 정신이 나가있었다. 나는 어떻게 해서든 저 전화를 받아야겠다는 생각을 했다. 간신히 움직여 전화기를 발로 건드렸다.

"악!! 너무 아파. 여보. 그만 때려!"

"혜련아! 너 왜 그래? 무슨 일이야? 여보세요!!"

"엄마. 나 살려줘. 이 사람이 나를 때려. 엄마. 제발 나 좀 살려줘!"

"혜련아! 이보게! 어서 문 열게!"

쿵, 쿵, 쿵.

전화기 너머로 딸 목소리를 들은 엄마는 경찰을 불렀다. 그리고 문을 열어 그 광경을 보았다. 매를 맞아 만신창이가 되어 쓰러져 있는 딸과 술에 취해 널부러진 남편, 기가 막힐 광경이었다.

"혜련아. 이게 무슨 일이야. 네가 왜 맞아?"

"엄마. 나 너무 아파. 너무 힘들어. 죽을 것 같아."

"아이고, 혜련아. 네 꼴이 이게 뭐니? 일어나라 어서 집으로 가자."

그렇게 나는 엄마의 도움을 받아 친정으로 갔다. 이제 모든 것을 끝낼 수 있을 것 같았다. 솔직히 부모님 때문에 끝내지 못하고 있었는데, 이왕 아시게 된 거 이젠 끝낼 수 있을 거라고 생각했다. 몸은 아팠지만 비로소 마음은 안심이 되었다.

그러나 그렇게 쉽게 끝날 일이 아니었다보다. 남편은 매일 친정집에 찾아와 부모님께 사정했다. 부모님은 또 완강하게 거절하셨다. 그런 일이 며칠 반복되니 엄마는 우리 부부에게 아기가 없어서 그러는 것인지도 모른다고 말했다. 엄마의 말을 들은 나는 미련하게도 마음이 움직였다. 혹시 아이가 생기면 달라질 수도 있겠다는 생각을 했다. 그래서 남편을 따라 집으로 다시 돌아왔다.

집에 돌아오니 남편은 조금 달라지는 듯 했다. 그렇다고 나도 남편이 달라 보이는 것은 아니었다. 이미 남편의 밑바닥을 본 후였기에 아무리 잘해 줘도 그것이 정말로 잘하는 것처럼 보이지 않았다.

다시 시작해 보려고 다짐하고 다짐했지만, 남편의 본 모습은 쉽게 사라지지 않았다. 나는 남편과 함께 다니던 교회에서 성가대 지휘를 하고 있었다. 많은 교회 사람에게 칭찬을 듣기도 했는데, 남편은 그런 내 모습조차 못마땅했다. 자신보다 내가 더 잘한다는 것이 싫었던 남편은 그 자리에서 나를 무시해 버리는 것은 물론, 폭력과 폭언으로 되돌아왔다.

이제 남편은 숨길 것이 없었다. 드러내놓고 술을 마셨다. 그렇게 살다보니 기상시간은 낮 12시, 간신히 깨워서 사우나를 보내면 오후 3시나 되어야 돌아왔다. 학원과 함께 있는 살림 집이다보니 학원생과 학부모의 눈치가 보였다. 더 많은 수강생을 받을 수도 있었지만, 남편은 초등학생은 미술을 배울 필요가 없다고 했다. 그래서 입시 위주의 학생으로만 수강생을 받았다.

결혼 당시에 집을 구하기 위해서 남편의 전시회 수익금으로는 모자라 친정에서 돈을 조금 가져왔다. 남편은 그게 편했는지, 친정에서 계속 지원받기를 내심 바라고 있었다. 그러나 내가 생각하기에 친정에서 계속 도와주면 남편에게 자립이란 있을 수 없는 일이라 생각되었다.

남편은 학원을 운영했고, 나는 레슨을 다녔다. 남편은 정말 금전적인 부분에는 관심이 없었다. 단지 학원에 나오는 수강생들에게 최고의 강사를 붙여야겠다는 생각만 했다. 12명의 원생에게 4명의 강사를 채용했고, 날마다 그 강사들에게 식사 대접을 할 것을 강요했다. 자신이 학원 강사를 할 때, 원장부부가 식사시간이 되면 원장실에 부부가 들어가 문을 닫고 밥을 먹는 모습에 너무 서러웠다고 했다. 그래서 다음에 자신이 학원을 운영하게 되면 강사들과 함께 밥을 먹는 것으로 하겠다는 다짐을 했다고 한다. 그래서 끼니마다 식사 대접을 하니 강사들은 좋아했다. 문제는 그들만 밥을 먹는 것이 아니라 친구들에 객식구까지 와서 밥을 먹고 갔다. 그렇게 되니 가계는 점점 더 힘들어졌다.

그런 와중에 학원 운영을 하면서 남편이 학부모 상담을 제대로 하지 않았다. 그러니 불만이 쏟아져서 내가 학부모 상담을 맡았다. 학원을 운영한 지 1년이 지나 레슨을 했던 아이들 25명이 서울대를 비롯하여 각 대학에 전원이 합격을 했다. 그것이 소문이 나니 전국에서 아이들이 몰려왔다. 그래서 대입과 예고 입시반까지 개설했다.

숨겼던 남편의 아픔

그런 중에 시매부 생일에 초대를 받았다. 결혼하고서 시댁 행사에 처음으로 참석하게 되었다. 시댁 식구들과 식사 후에 담소를 나누면서 직업이 의사인 시매부에게 임신이 잘 되지 않는다는 것을 상담했다. 그것을 들은 남편의 얼굴은 사색이 되었다. 그런 남편의 얼굴을 바라보는데 시누이가 내 손을 잡아 이끌었다. 조용히 얘기를 하자면서 빈 장으로 데리고 갔다. 시누이는 나에게 남편의 상황을 모르냐고 물었다. 결혼 전에 내가 시댁에 방문했을 때, 자신이 동생에게 사기치고 결혼한다고 했던 말을 듣지 못했냐고 했다. 난 전혀 들은 바가 없었다. 시누이는 담담하게 남편에 대해 말해 주었다.

그것은 남편이 중학교 2학년 때 일어난 일이라고 했다. 대학생이었던 형님이 신문배달 아르바이트를 했는데, 그런 형님을 남편은 따라 나섰다고 했다. 신문을 받아서 배달장소로 이동하면서 한 장소에 신문더미와 남편을 세워두고, 형님은 신문배달을 했다고 한다. 우직한 성격의 남편은 형님의 말대로 그 자리에 서서 자리를 지켰는데, 갑자기 버스가 남편을 덮쳤다고 했다. 버스는 그대로 남편을 깔고 지나갔고, 남편은 스무 번이 넘는 비뇨기과 수술을 받았다고 했다. 그러나 수술 후에도 남편은 회복되지 않았다. 그때 의사는 생식 기능을 상실했다고 통보했다.

그래서 의사는 여러 사람이 어울려서 일하는 직업보다는 혼자서 할 수 있는 직업을 선택하게 도와주라고 조언했다고 한다. 그래서 시누이는 마침 그림을 잘 그리는 재주가 있는 동생을 유명한 화가 아래서 그림을 배울 수 있도록 화실에 보냈다. 남편은 고등학생일 때부터 화실에서 청소하며 문하생 생활을 한 것이었다. 그렇다고 문하생 생활이 편한 것은 아니었다고 했다. 매일 물청소를 해야 했고, 조금이라도 잘못하면 매를 맞았다고 했다. 게다가 교통사고 보조금으로 받은 돈을 시누이의 실수로 모두 잃게 되면서 남편은 더 이상 수술을 받지 못하게 되었다고 했다. 일이 그렇게 되자 남편은 가족에 대한 원망과 더불어 사회에 사람에 대한 원망으로 얼룩졌다고 했다.

더욱 안타까웠던 것은 수술비가 없어서 수술을 중단하니, 소변조절 능력이 회복되지 않았다는 것이다. 물을 마시면 일정한 시간이 지나면 억지로라도 화장실에 가서 소변을 보는데, 그 일이 맑은 정신이면 가능하지만, 술에 취하면 불가능하게 되는 것이다. 그래서 신혼 때 만취하면 바지와 침대가 젖어있었던 것을 이해하게 되었다. 그것은 남편의 자존감을 낮게 만드는 일이었고, 그것을 내가 알았기에 남편은 자신이 무시당할 것이라고 생각했던 것이다. 그래서 나에게 폭력을 휘둘렀던 것이다.

'상처를 가지고 사는 내가 더 상처가 많은 남자'를 만나니 우리의 결혼은 좌절과 두려움, 절망이었다. 엄마와 같은 길을 가는 내 모습이 보였다. 가정을 어쩔 수 없이 포기하지 못하고 사는 아내와 우유부단한 남편의 모습은 불화였고, 폭력과 비난이 서로를 겨냥하고 있었다.

남편의 숨겨진 상처를 들으면서 남편 안에 알코올 중독과 폭력이 숨어있다는 것을 깨달았다. 속았다는 생각이 들었다. 결혼 전에 이것을 말해주지 않은 것에 섭섭했다. 그렇게 집에 돌아오는 길에 남편은 누나와 무슨 얘기를 했냐고 물었다. 나는 그냥 조용히 가려고 했지만, 남편은 차를 세우라며 다시 폭력을 휘둘렀다. 나는 누나가 남편의 과거의 상처에 대해 말해 주었다고 했다. 남편은 누나가 자신의 허물을 얘기한 것이 잘못되었다고 했다. 나는 왜 그걸 미리 말하지 않았느냐고, 그래서 내가 조치할 수 있도록 하지 않았느냐고 소리 질렀다. 그랬더니 더욱 거세게 폭력을 휘둘렀다. 집에 돌아와서도 멈추지 않았다. 결국 나는 또 맞다가 지쳐서, 남편은 때리다 지쳐서 잠이 들었다.

끊어지지 않는 폭력의 고리

다음 날, 남편은 전날의 일을 사과했다. 울면서. 그러면서 다시 비뇨기과 치료를 받겠다고 얘기했다. 예전에 고대병원에서 수술했으니 다시 그 병원을 찾아가서 상담을 받아보고, 수술 여부를 결정하겠다고 했다. 남편은 그 길로 병원에 갔다.

"병원 가서 내가 수술 받았던 의사를 찾았어. 다행히 오늘 진료가 되더군. 그래서 의사를 만났는데, 다행히 나를 기억하더라고. 의사가 나를 보고 두 번 놀라더라고. 지금까지 살아 있어서 놀랐나 봐. 그리고 결혼했다고 하니, 더 놀라던데. 그래서 내가 단도직입적으로 물었어. 내가 평범하게 남들처럼 살 수 있는지. 아이 낳고 아이랑 아내랑 살 수 있는지."

의사의 대답은 남편이 원하는 대로 나오지 않았다고 했다. 절대로 아이를 가질 수 없다는 '임신 불가' 판정을 받았다고 했다.

기적과 현실

학원에 많은 학생이 몰려왔지만, 비현실적인 운영으로 학원은 어려워졌다. 남편은 또다시 갤러리 타령을 했다. 집 앞에 있던 삼풍백화점이 무너지는 것을 보더니 남편은 이 동네는 끝났다고 했다. 나는 결정해야 했다. 그래서 학원 운영을 그만두고 남편이 원하는 갤러리를 운영하기로 했다. 학원을 정리하면서 국내 대학 적응이 어려운 몇 명의 학생만 남았다. 그 학생들을 필리핀에 유학을 알아봐 달라는 부탁이 있어서 그 부탁도 들어줄 겸 필리핀 친구에게 다녀오게 되었다.

아이들을 필리핀 학교를 보여주고, 커리큘럼과 필리핀 생활에 대해 안내해 주었다. 그리고 남는 시간에 좋아하는 승마를 했고, 한치와 새우를 원없이 먹고 즐긴 후에 한국으로 돌아왔다. 돌아오는 비행기에서 몸이 좀 이상했다. 그래서 오자마자 나는 병원에 갔다. 놀라운 일이 생겼다. 내게 아기가 생겼다고 했다. 기적이었다. 필리핀에서 말을 탄 것이 후회되고 걱정되었지만, 너무 기뻐서 임신 사실을 남편에게 재빨리 알렸다. 이 소식을 들은 남편은 너무 기뻐했다. 시아버지는 눈물을 흘리시며 내게 엎드려 절도 하셨다. 집안에 아주 큰 경사가 난 것이었다.

임신은 남편에게도 큰 변화를 가져왔다. 폭력을 일삼던 행동이 사라졌다. 오히려 나를 금이야 옥이야 돌보았다. 남편은 임신한 내 옆에 자기가 있으면 아이에게 안좋은 영향을 미칠지도 모른다면서 다른 방에서 지내면서 내가 먹고 싶다는 온갖 요리를 다 해주었다.

임신은 나와 남편에게 큰 기쁨이었다. 하루하루가 꿈만 같았다. 더군다나 남편은 구경꾼처럼 다녔던 교회에서 봉사를 시작했다. 목사님은 남편의 고등학교 선배였는데, 목사님께 인정받고 싶어서 부지런히 섬겼고, 교회 로고도 만들고, 목사님 설교테이프에 표지그림을 그리기도 했다. 그림을 그릴 때마다 어떤 그림을 어디에 넣어야 좋을지 연구하면서 열심을 냈다. 그런데 그런 남편의 모습이 모두에게 좋아보이지는 않았나보다. 설교테이프에 꽃그림보다는 예수님이나 목사님 사진이 올라가야 한다는 여론이 생겼고, 남편은 자연스럽게 그 일에서 손을 떼게 되었다.

그림을 그릴 수 없게 된 남편은 실망했다. 그리고 교회에 대한 좋지 않은 모습을 목격했다. 그때까지 남편은 하나님을 인격적으로 만나지 못한 상태였다. 남편은 신앙생활을 하는 사람이 아니라 종교 활동을 하는 사람이었다. 그런 남편 눈에 교회의 좋지 않은 모습이 비쳤으니, 더욱 멀어지게 하는 일이 되었다. 하지만 남편은 교회를 여전히 나갔다. 그것만으로도 감사해서 나는 남편의 기분을 맞춰주려고 노력했다.

남편도 임신한 나를 귀히 보살펴 주었고, 임신시간은 참 행복했다.

새 생명의 탄생

시간이 흘러 아기가 태어났다. 눈에 넣어도 아프지 않은 딸이 태어났다. 함께 기도해 주던 교회 성도들의 축복 속에 태어난 아기는 건강하게 자라주었다. 그것에 감사해서 교회를 섬기는 것은 기쁨이었다. 아이로 인해 웃음 지을 일이 많아지면서, 우리 가정도 행복해 질 수 있겠구나 싶었다. 그런데 그것은 착각이었다. 아이의 돌잔치를 기점으로 줄었다고 생각한 남편의 주량은 다시 늘어나기 시작한 것이다. 폭행도 같이 깨어나기 시작했다. 결혼생활이 몇 년 된 것은 아니지만 임신시간 동안 마음 편히 지내서인지 다시 시작된 남편의 폭력은 참기가 힘들었다. 매일이 초조하고, 남에게 들킬까 전전긍긍했다. 이런 내 모습이 한심하고 부끄러웠다.

나는 남편에게 폭행을 당하는 것이 싫었지만, 시누이에게 들은 남편의 상처가 마음 아파서 남편을 이해하고자 많은 사람을 찾아다니며 상담과 위로를 받으려고 했다. 그러나 그 사람들은 직접 당해보지 않아서 이론과 지식적인 것만 나열할 뿐, 나를 이해해주진 못했다. 나는 더 무기력해졌고 의욕을 상실했다.

이렇게 말하는 사람도 있었다. 맞으면서 왜 떠나지 않냐고. 그런데 나는 떠날 수가 없었다. 남편을 처음 본 날 보여줬던 그 눈빛을 나는 잊을 수가 없었다. 나마저 이 사람을 떠난다면 이 사람을 누가 돌볼 것인가? 이런 생각이 나를 붙들고 있었다. 늘 때리기만 하는 것은 아니었다. 잘못했다고 사과하면서 회복하려고 애쓰는 모습도 있었다. 쉽게 남편과 관계를 끊을 수가 없었다.

갤러리 관장

이야기를 다시 거슬러 임신 중인 기간으로 가야겠다. 임신 중에 남편은 청담동에 있는 한 갤러리를 계약했다. 아이를 출산하고서 나는 알지도 못하는 갤러리 관장이 되었다. 갤러리를 운영해 본 적이 없는 나는 기도할 수밖에 없었다. 기도 중에 하나님은 '한 집에 한 그림 걸기'라는 생각을 주셨다. 그래서 청담동과 신사동 일대에 있는 갤러리가 연합해서 "한 집에 한 그림 걸기" 캠페인을 시작했다. 적은 돈으로 그림을 장만해서 집안 분위기를 바꿔보자는 취지로 시작된 캠페인은 참여한 갤러리의 숨통을 트이게 했다. 또한 적은 비용으로 집안을 장식할 수 있다는 생각으로 갤러리를 찾아오는 사람도 제법 많아졌다.

갤러리를 열면서 남편의 작업실은 압구정동에 있는 지인의 집 이층에 차렸다. 이곳에서 남편은 작업을 하는 것처럼 보였지만, 남편의 작업에는 진전이 없었다. 작업실은 온 동네 사람들의 쉼터가 되었다. 사람들이 드나들면서 커피를 마셨고, 급기야 그곳은 남편의 외도 장소가 되었다. 작업실에서는 낯선 여자의 귀걸이와 속옷이 발견되었고, 나는 더욱 깊은 절망의 늪으로 빠져들었다.

나는 더 이상 참을 수가 없었다. 마침 갤러리를 넓혀서 청담동으로 이사를 가게 되었다. 처음에 운영했던 갤러리 바로 옆 건물 지하로, 100평 크기였다. 제법 넓어서 압구정동에 있는 남편 작업실을 이곳으로 정리해서 옮기기로 결정했다. 갤러리 이사 후에 많은 전시회를 열었다. 구성작가전, 신인작가전, 벤쿠버 세계관대학 자금마련 전시회 등 수익성이 있는 전시회도 열었고, 주변 사람에게 도움을 주는 전시회도 열었다. 이렇게 많은 전시회를 열었지만 남편은 갤러리 운영에 아무 관심이 없었다. 갤러리에 오시는 손님에게 그림을 설명해 달라고 요청하면 순순히 나와서 해주는 듯 했지만 길게 가지 못했다. 이삼 일 정도 나오다가 실증나면 강남의 그림취미반 여자들과 여행을 가버렸다. 갤러리 운영에는 뒷짐을 지고 관망만 했다.

나는 그때도 고독했다. 그래서 사업에 온 힘을 기울이며 사람들에게 인정받고자 했다. 철저하게 청담동의 갤러리 관장으로 지내려고 했다. 채워지지 않은 부부의 갈급함을 다른 작가들과 고객과 나누면서 겉으론 웃지만 속으로 우는 삶을 살았다.

욕심은 욕심을 낳고

그렇게 살아가던 어느 날, IMF가 닥쳤다. 그래도 우리 갤러리는 크게 타격을 받지 않았다. 오히려 더 확장하자는 제의를 받았다. 남편의 선배 중에 국내에서 가장 큰 갤러리를 운영하는 사람이 있었다. 그분이 러시아에서 그림을 사와서 전시를 하려고 하는데, 다른 사람들은 200억을 투자한다고 했다. 남편에게는 50억만 투자하면 열 배를 남길 수 있다고 제안했다. 남편은 그 말에 넘어가서 날마다 나를 조르기 시작했다. 나는 지쳤다. 결국 거래은행에 가서 대출을 알아봤더니 10억 정도 대출해 줄 수 있다고 했다. 이 얘기를 남편에게 했더니 남편은 모자라는 금액은 빌려서 채우자고 했다. 친정 부모님, 언니와 동생 그리고 남편의 형과 누나에게 얘기를 해서 50억을 기어이 마련했다.

화상을 만나기 위해 나는 남편과 함께 미국으로, 러시아로, 실크로드로 여행을 했다. 찬란한 미래를 꿈꾸었고, 빛나는 청춘을 맞이하려 했다. 부와 명성을 가진 오만방자한 사람이 되어가고 있었다. 그림을 살 준비를 하면서 알게 된 것은 우리가 사려고 했던 그림은 정상적인 경로를 통해 판매되는 것이 아니었다. 그 그림들은 토굴꾼에 의해 발굴된 그림으로 비상적인 경로로 판매되는 그림이었다. 그러다보니 첩보 영화처럼 약속장소는 수시로 변경되었고, 처음 계획과는 달리 그림을 사는 시기는 많이 늦어졌다. 그러면서 중간 경비가 지나치게 지출되었고, 그것은 훗날 우리에게 재앙이 되었다.

간신히 화상을 만나서 20여 일 만에 그림을 샀다. 그렇게 산 그림은 컨테이너에 선적한 후에 한국으로 돌아왔다. 처음 계획은 보름 정도 일정으로 그림을 사러 출장을 갔는데, 우리가 돌아오는 시기가 자꾸 늦춰졌다. 그러나 그 시기에 큐레이터들은 하와이 여행을 계획하고 있었기에, 큐레이터들에게 보안과 냉방 점검을 잘 하고 갤러리 문을 닫은 채 여행을 가도록 지시했다.

한국에 돌아오자마자 보안업체로부터 전화를 받았다. 갤러리에 일이 생긴 것 같은데, 문이 열리지 않는다는 것이다. 입국하자마자 바로 갤러리로 달려갔다. 보안업체 말로는 도둑은 아니라고 했다. 근데 문

가정을 살리는 女子

제가 생긴 것 같아서 문을 열려고 하니 문이 열리지 않는다며 연락을 했다는 수차례 했다는 것이다. 문을 강제로라도 열기로 하고 장정 세 명이 붙어서 문을 열려고 했다. 그렇게 안간힘을 써서 문을 여니 물이 홍수처럼 쏟아져 나왔다. 그것을 보는 순간 머리를 망치로 얻어맞은 듯 멍해졌다. 그 상황이 이해되지 않았다.

갤러리 문에서 쏟아져 나온 것은 물만이 아니었다. 건물이 설치되었던 20여 대의 실외기를 통해 나온 물과 각종 쓰레기였다. 우리가 갤러리를 며칠 비운 사이 폭우가 쏟아졌고, 그 폭우가 배수구를 막았던 것이다. 배수구가 막히면서 이것은 역류하기 시작했고, 그 물과 쓰레기가 갤러리로 쏟아져 들어온 것이다. 그러면서 보안업체에 계속 신호음이 울렸던 것이다. 그래서 보안업체는 그것 때문에 계속해서 우리에게 연락을 했으나 외국에 있는 바람에 연락이 되지 않았던 것이다. 그렇게 갤러리는 물과 쓰레기를 품은 채 며칠을 지낸 것이다.

며칠 동안 펌프로 고인 물을 뽑아냈다. 전시되었던 그림은 손실된 것은 말할 것도 없고, 가을에 전시하려고 계획했던 이탈리아 작가의 작품까지 모두 손실되었다. 그것은 그대로 금전적인 손실이었다. 남은 것이라고는 은행에 진 빚, 친정 부모님과 자매들에게 진 빚, 시댁 식구에게 진 빚, 작가들의 그림값 뿐이었다. 그것을 해결하기 위해 동분서주했다. 그렇게 알아보던 중에 변호사로부터 혹할 얘기를 들었다. 지금 일어난 일은 천재지변이고, 직원들이 문단속을 하면서 전기를 차단

한 것이 원인이 되어서 그런 것이니 직원들이 일정한 기간 동안 실형을 살게 되면 갤러리 운영은 다시 재개할 수 있다는 말을 해주었다.

한줄기 빛으로 나오자 어둠이 물러가고

그 속에서 밤마다 기도할 수밖에 없었다. 밤마다 기도원에 올라가 기도를 하면 마음에는 '법정에 서지 말 것'을 바라는 마음만 들었다. 양심상 직원들에게 그 책임을 떠넘길 수 없었다. 그래서 직원들에게 모든 것을 잘못을 묻지 않고 우리가 모든 것을 감내하기로 했다. 그러면서 컨테이너에 선적한 그림만 빨리 들어와서 모든 문제를 해결해 주기를 기대했다. 문제는 또 돈이었다. 컨테이너가 도착한 후에 그림을 찾기 위해서 선적비를 지불해야 하는데, 상황을 설명하고 그림을 보여줘도 아무도 돈을 빌려주지 않았다. 은행도 제3금융권도 돈을 빌려주지 않았다. 이렇게 6개월이 지났다. 결국 그림은 찾지도 못하고 갤러리는 부도가 났다. 우리 집과 친정 집은 은행에 차압을 당하게 되었다.

갤러리가 부도 처리가 되면서 남편의 분노는 극에 달했다. 나와 딸, 친정 부모님, 심지어는 교회 성도도 분풀이의 대상이 되었다. 담임목사님과 고등학교 선후배 사이였던 남편은 거의 날마다 술에 취해서 목사님, 사모님께 전화를 했다. 거기에 울면서 하소연을 하는 것이다.

"목사님. 저도 잘 살아보고 싶었습니다. 하나님 일도 많이 해드리고 남들에게 대접받으며 살아보려고 그림도 더 산 것이었고, 마누라가 믿는 하나님도 믿었습니다. 그런데 이게 무슨 꼴 입니까. 왜 하나님을 믿었는데 부도가 나느냐 말입니다."

남편은 자신이 부린 욕심 그리고 하나님을 믿지 않은 믿음에 대한 부끄러움보다 하나님을 원망하는 마음이 더 컸다. 그런데 어느 날 남편이 하나님을 만났다는 것이었다.

"여보. 내가 우리 집 앞에 있는 나무를 보고 있는데 갑자기 하나님이 저 나무에 앉아 있는 모습이 보이는 거야. 나 너무나 기뻐."

"어떤 나무예요?"

"저기 보이는 저 나무야."

"여보, 우리 같이 기도해요. 하나님이 당신이게 나타나신 것이 참으로 기뻐요."

나는 남편이 하나님을 보았다는 소식에 감사했다. 그리고 기뻤다. 남편이 하나님을 인격적으로 만나기를 간절히 바랐기에 남편의 손을 잡고 눈물로 기도했다.

그렇게 기도한 다음날 새벽, 밖에 소란해서 깨어보니 남편은 없었다. 창문을 열고 밖을 보니 남편은 술에 취해서 집앞 주차장 바닥에 누워 소리치고 있었다.

"야! 하나님이 있어? 있으면 나와 보라고 해!"

남편의 소리를 듣고 나는 너무 놀랐다. 어제까지 함께 기도했던 사람이 도대체 왜 저러는지 알 수 없었다. 새벽에 난데없는 고성방가에 이웃이 경찰에 신고를 했다. 나는 두려움과 창피함으로 남편을 데리러 나갈 수 없었다. 술에 취한 남편에게 다시 맞을까봐 현관문과 방문을 잠그고 불을 끄고 숨죽여 있었다. 경찰은 남편을 집으로 데리고 왔다. 하지만 문이 잠겨 있어서 들어오진 못하고, 밖에서 소리를 지르며 문을 두드렸다. 결국엔 열어줄 수밖에 없었다.

거짓의 탈이 벗겨지고

그날은 지옥 같은 날이었다. 분이 풀리지 않던 남편은 내 머리채를 잡아서 집 마당을 끌고 다녔다. 그리고 흠씬 두들겼다. 그렇게 나를 때린 후에 남편은 잠이 들었다. 그 모습은 사탄의 모습처럼 보였고, 나는 살인 충동을 느꼈다. 가정폭력에 시달린 여자들이 남편을 죽이는 것이 이해되었다. 그러나 그것은 마음뿐이었다. 내가 만약 남편을 죽이려고 시도했다가 손에 미끄러져서 실패라도 한다면 나는 그 다음을 감당할 자신이 없었다.

지옥 같은 그날이 지나고 남편은 사람들의 남편은 관심을 끌기 위해 열심히 성경공부와 봉사를 하며 교회생활에 최선을 다하는 모습을 보여 주었다. 하지만 성도와의 사적인 식사자리에서 술을 마시던 것을 목사님께 들키고 말았다. 목사님은 한번만 더 술을 마시는 모습을 보

가정을 살리는 *女子*

게 된다면 교회를 떠나야 한다는 말까지 들었다. 남편의 분노는 극에 달했다. 본인의 잘못은 생각하지 않았다. 교회에 대해 불평만을 쏟아낼 뿐이었다. 담임목사님과 성도를 욕했다. 남편이 가는 곳마다 싸움이 생겼고, 결국엔 교회를 옮길 것을 제안 받았다.

그래도 남편은 분리되는 것을 원치 않았다. 다시 남편은 성경공부에 열심히 참석했다. 부도 후에 딱히 할 일이 없었던 남편은 교회를 섬기고 가꾸는 일에 많은 시간을 보냈다. 그림을 그리던 사람이라 그런지 조금만 손을 대도 아름다워졌다. 남편은 내심 자신이 이렇게 함으로 교회에서 성실하게 지낸다는 말을 듣고 싶어 했다. 이런 열심히 담임목사님의 귀에까지 들어가게 하고 싶었던 것이다. 그 바람 때문인지 담임목사님도 남편의 열심을 알게 되었다.

그러다 교회가 이전을 하게 되었다. 교회 의자를 새로 구입했는데, 조립할 사람이 없다고 했다. 남편은 그 의자를 완벽하게 조립했고, 이전의 분란은 잊어달라는 듯이 남편은 잠잠해졌다. 교회 로고를 만들어 달라는 부탁을 받고 24가지로 사용할 수 있는 로고도 만들었다.

하지만 현실은 냉혹했다. 부도 후에 남편은 성경공부를 하면서 교회를 열심히 섬기며 신앙생활을 할 정도 변화되었다. 그래서 기대를 했었다. 하지만 남편은 어느 날 소리 없이 사라졌다. 남편이 행방불명된 것이다. 그 와중에 친정 부모님과 동생은 나를 비난했고, 시댁 식구들도 나를 원망했다. 이런 상황에 함께 극복해가면 좋으련만 남편은 사라져 버렸다.

이렇게 지쳐서 낙망한 나에게 친구는 아래의 글로 나를 위로했다.

야베스의 기도 Prayer of Jabez

삶은 그분이 주셨지만, 즐거움은 내가 드릴 선물입니다.

얼굴은 그분이 주셨지만, 표정은 내가 드릴 선물입니다.

몸은 그분이 주셨지만, 건강은 내가 드릴 선물입니다.

시간은 그분이 주셨지만, 유용하게 활용하는 건 내가 드릴 선물입니다.

눈은 그분이 주셨지만, 성경적 세계관으로 보는 건 내가 드릴 선물입니다.

입은 그분이 주셨지만, 좋은 말을 하는 건 내가 드릴 선물입니다.

귀는 그분이 주셨지만, 애써 귀 기울여 듣는 건 내가 드릴 선물입니다.

손은 그분이 주셨지만, 땀을 흘려 수고하는 건 내가 드릴 선물입니다.

발은 그분이 주셨지만, 사명 따라 뛰어가는 건 내가 드릴 선물입니다.

가정은 그분이 주셨지만, 천국으로 만드는 건 내가 드릴 선물입니다.

남편은 그분이 주셨지만, 사랑하고 섬기는 건 내가 드릴 선물입니다.

자식은 그분이 주셨지만, 가꾸고 키워가는 건 내가 드릴 선물입니다.

교회는 그분이 주셨지만, 충성하고 섬기는 건 내가 드릴 선물입니다.

컴퓨터는 그분이 주셨지만, 유익하게 쓰는 건 내가 드릴 선물입니다.

성경은 그분이 주셨지만, 나의 인격으로 내면화 시키는 건 내가 드릴 선물입니다.

하나님, 그분이 나에게 주신 선물을 세어보면 이렇게 끝도 없습니다. 이제 그 선물들 어떻게 가꾸며 포장해서 다시 하나님께 돌려 드릴 선물로 만드는가 하는 건 우리에게 맡겨진 일생의 과제가 아닐까 생각해 봅니다.

아멘!

암담한 상황에서 내가 할 수 있는 것이라고는 기도 밖에 없었다. 매일 밤을 기도원에서 기도로 지새우고 다시 교회로 와서 새벽예배를 드리고 출근했다. 몇 날 며칠을 이렇게 했다. 날마다 밤을 새워 예배하며 하나님께 잘못을 회개했다. 주님이 아니면 살 수 없다고 울부짖으며 하나님의 뜻을 구했다. 그렇게 울면서 하나님을 만났고, 하나님의 말씀대로 살겠다며 결단했다.

한 알의 밀알이 되어 썩기로 작정 하고

[24]내가 진실로 진실로 너희에게 이르노니 한 알의 밀이 땅에 떨어져 죽지 아니하면 한 알 그대로 있고 죽으면 많은 열매를 맺느니라 [25]자기의 생명을 사랑하는 자는 잃어버릴 것이요 이 세상에서 자기의 생

명을 미워하는 자는 영생하도록 보전하리라 ²⁶사람이 나를 섬기려면 나를 따르라 나 있는 곳에 나를 섬기는 자도 거기 있으리니 사람이 나를 섬기면 내 아버지께서 그를 귀히 여기시리라(요 12:24-26).

결단하고 나니 마음이 이상하게 가벼워졌다. 이 말씀을 읽으면서 내 마음속에 떠오른 생각은 빚진 자들을 모두 한 곳에 불러서 돌 맞은 여인처럼 그들 앞에서 사죄해야겠다는 생각이었다. 이것은 하나님이 주시는 마음의 감동이라 생각되어 순종하기로 했다.

"빌려주신 돈을 제대로 관리하지 못해서 이곳에 모인 여러 사람의 재산에 손해를 입혔습니다. 정말 죄송합니다. 지금은 갚을 수 없지만, 시간을 주시면 반드시 갚겠습니다."

무릎을 꿇고 용서를 구했지만, 그들의 귀엔 들리지 않는 듯 했다. 죽일 듯이 일어나 덤벼들었다. 나는 이때 간음하여 잡혀온 여인이 생각났다. 그 여인의 심정으로 꿇어앉아 있는데, 아우성 대던 사람들 중에 몇몇은 나의 상황을 이해해 주기 시작했다. 그리고 기다려주겠다고 했다. 처음엔 전혀 말이 통하지 않을 것 같은 사람들이었는데, 그 사람들이 그렇게 말해주니 힘이 났다.

하지만 그 와중에 섭섭하게 한 사람도 있었다. 시댁의 시누이와 동서는 남보다 더했다. 분을 품고 집까지 쫓아와서 각서를 쓰라고 했다. 그들은 돈을 남편을 보고 빌려준 것이 아니라고 했다. 나를 보고 빌려

가정을 살리는 *女子*

쳤으니, 갚을 사람은 나라고 했다. 집도 은행에 잡혀서 우리는 갈 곳도 없었는데, 가족이라고 믿었던 사람들이 찾아와서 그러니 이 세상에서 기댈 곳 하나 없게 만들었다.

집을 비워주고 딸과 함께 월세방을 얻어 이사를 했다. 앞으로 생계가 막막하기에 일을 구해보려고 했지만, 그것도 마음처럼 되지 않았다. 식당에 설거지라도 해보려고 찾아가면 이런 일을 할 만한 사람이 아니라면서 채용해 주지 않았다. 포토샵을 할 사람을 구한다는 광고를 보고 찾아가면 이런 일은 아무나 하는 일이 아니라면서 거절했다. 음악학원 대리원장 자리가 있어서 전화해 보니 오라고 했다. 그래서 찾아가면 다른 사람을 채용했다고 말했다. 도저히 이해할 수 없는 거절로 인해 나는 일을 구하지 못했다(당시엔 절망의 이유였지만 훗날 이것도 다 하나님의 계획이었음을 알게 되었다).

가만히 내 모습을 생각해 보니 요나의 모습과 같았다.

> [10]여호와께서 이르시되 네가 수고도 아니하였고 재배도 아니하였고 하룻밤에 났다가 하룻밤에 말라 버린 이 박넝쿨을 아꼈거든 [11]하물며 이 큰 성읍 니느웨에는 좌우를 분변하지 못하는 자가 십이만여 명이요 가축도 많이 있나니 내가 어찌 아끼지 아니하겠느냐 하시니라 (욘 4:10-11).

사람이 마음으로 자기의 길을 계획할지라도 그 걸음을 인도하는 자는 여호와시니라(잠 16:9).

밟으면 밟히는

집에는 빚쟁이들이 수시로 찾아왔다. 몸도 마음도 편히 쉴 수가 없었다. 그나마 마음 편히 쉴 곳은 교회밖에 없었다. 교회에 가면 근심을 잊고 하나님께 기도할 수 있었고, 봉사할 수 있어서 그나마 숨통이 트였다. 하지만 교회에 머무는 시간이 길어지니 사람들의 시선이 곱지 않음을 느낄 수 있었다. 갤러리를 운영하며 잘 나가던 사람이 하루아침에 망해서 길에 나앉게 되니 안타까워하는 사람들의 시선도 조금씩 불편해지기 시작했다.

그러는 사이 남편이 돌아왔다. 돌아와서 하는 일이라곤 술을 마시는 것 밖에 없었다. 남편이 지나간 자리엔 빈 병만 남았다. 그런 남편을 보고 아이는 "아빠 밥은 술이야"라고 했다. 그런 아이의 말을 들으니 더 속상했다. 이럴 때마다 나는 더욱 기도할 수밖에 없었다. 내 마음에 "너는 사람들이 밟으면 밟히겠느냐"라는 음성이 들렸다. 그렇다. 나는 사람들이 밟으면 밟혀야 했다.

매일 밤 하나님께 부르짖으며 나를 향한 하나님이 계획이 무엇인지를 묻기 시작했다. 또한 경제적으로 곤핍한 시기를 겪고 있는 가정의 생계를 해결할 길을 열어 주시기를 간구했다. 기도하던 중에 식당을 운영하는 남편의 선배가 떠올랐다. 나는 남편 선배가 운영하는 식당에 찾아가서 일을 하게 해달라고 부탁했다. 다행이 남편 선배는 서빙을 하는 자리를 내주었다. 처음 하는 일이라서 낯설고 서툴기 그지없었다. 손님은 참 무례했다. 그래서 더 밟히는 것 같았다. 눈물이 저절로 났다. 내가 눈물이라도 흘릴라 치면 선배 아들(음식점 사장)이 와서 호되게 꾸지람했다. 나는 그 기간을 3개월이라고 생각했다. 내 마음에 3개월만 버티자고 생각했다. 3개월만 참고 견디면 하나님이 새로운 길을 열어주실 것이라는 마음의 확신이 있었다. 그래서 그것을 믿고 수치심이 일어도 참고 견뎠다.

그렇게 3개월이 흐르고 그 식당의 회장인 남편 선배는 다른 지역에 새로운 가게를 연다고 했다. 그러면서 나에게 그곳의 관리자로 일을 하라고 제안했다.

"남편이 집을 나가서 언제 올지도 모르고, 어린 딸과 먹고라도 살아야지?"

라며 나에게 관리자 직책을 맡겼다. 관리자면 조금 쉬울 것이라고 생각되었다. 그러나 그것은 오산이었다. 아래 일하는 직원을 관리하고, 관리자로서의 책임감, 손님을 섬기는 것은 또 다른 광야학교였다.

하나님이 주신 새로운 사역

새로운 장소에서 새롭게 하는 일이라서 그래도 마음엔 설렘이 있었다. 직접 시장을 돌면서 물건을 구입해서 가게 인테리어를 했고, 음식 재료도 싸면서 질 좋은 것을 구하기 위해 바삐 움직였다. 그러나 여기서도 일하는 환경이 쉬운 것은 아니었다.

식당 관리자직은 처음 하는 일이라서 나름의 의욕을 가지고 있었는데, 주방장의 은근한 견제는 견디기 어려웠다. 주방장은 이 분야에서 경험이 없는 아줌마가 할 수 있겠냐면서 무시했다. 또 본인의 비위가 뒤틀리면 엉망인 음식을 내놓아 손님들에게 항의를 받게 했다. 보이지 않은 이 싸움은 이루 말할 수 없는 괴로움을 주었다.

나는 이 상황에 대해서 심각하게 고민했다. 만약 나와 주방장의 관계가 좋지 않아서 음식을 제대로 만들어 주지 않는다면 그것은 손님에게 영향이 갈 것이다. 그렇게 되어 손님이 줄어든다면 나는 더 이상 이곳에서 일하지 못할 것이라는 생각이 들었다. 그것이 두려웠다. 그래서 주방장의 기분을 상하지 않도록 하기 위해 눈치를 보는 것이 손님을 대하는 것보다 더 힘들었다. 또 그 식당 회장의 힘으로 관리자의 위치에 있게 된 나를 경계하는 사장(회장의 아들)은 직원들 앞에서 나를 훈계하며, 자신의 권위를 세우고자 했다. 상황이 만만치 않았지만 일할 수 있어서 감사했고, 이 또한 하나님이 주시는 훈련이라고 생각했다.

처음 하는 일이었지만 나름의 원칙이 있었다. 그것은 손님에게 친

가정을 살리는 *女子*

절하자는 것이었다. 내가 손님이었을 때, 식당 직원이 친절하면 더욱 기억에 남았던 것을 생각하며, 이것이 가게의 운명을 좌우할 것이라고 여겼다. 늘 기쁨과 감사함으로 손님을 맞으려고 노력하니 내 얼굴에선 미소가 떠나지 않았다. 그런 원칙으로 식당에서 일을 하니 손님 중에는 다른 식당과는 달리 대접받는 기분이 든다고 말하기도 했다.

성매매 현장 여인들과의 만남

식당의 손님은 매우 다양했다. 식당 위치가 청량리 588거리 주변에 있어서 낮에는 유흥업소에서 일하는 여성들이 많이 왔다. 그들을 바라볼 때, 마음 한켠에서 그들을 향한 아픔과 부담이 있었다.

그 손님 중에 단골로 자주오던 아가씨들은 나를 언니라고 부르면서 본인의 삶을 하소연했다. 나는 그것을 기꺼이 들어주었고, 내가 해 줄 수 있는 선에서 조언을 해주었다. 그들은 그것을 기뻐했고, 더 깊이 개인적으로 만나기를 원했다. 그래서 내 쉬는 시간을 쪼개어 그들이 왜 이런 삶을 살 수밖에 없었는지 얘기를 듣고 조언을 해주는 상담이 아닌 상담을 하게 되었다.

어린 시절 옆집 오빠에게 당한 성폭행으로 삶을 포기한 여인, 얼굴이 못생겼다면서 헤어지자고 한 남자가 미워서 성형수술을 했더니 만나는 남자마다 성관계만을 원해서 헤어지자고 했던 사연을 가진 여인,

불우한 가정 때문에 먹고 살려고 이 일에 뛰어든 여인들의 이야기를 들으며 가슴 한편이 쓰린 것을 느꼈다. 그들의 지독한 삶의 무게를 들으면서 '내가 왜 이들의 얘기를 들어줘야 하나? 이것도 하나님의 섭리인가? 나는 과연 이들에게 뭘 해줄 수 있지?'라는 생각이 떠나지 않았다. 그리고 그들을 위해 더 깊이 기도하고 싶은 마음이 생겼다.

그렇게 저렇게 고민하던 차에 식당 건물에 사용하지 않는 기도실이 있는 것이 생각났다. 그곳을 깨끗하게 청소하고, 거기서 기도하며 하나님의 뜻을 구했다. 그곳에서 기도하며, 하나님의 뜻을 헤아리는 기간은 내게 주어진 그 시간을 어떻게 살아가는 것이 맞는지 깨닫는 시간이 되었다. 그곳은 지독한 삶의 무게를 가진 여인들을 위한 상담소가 되었고, 함께 울며 기도하는 기도의 장이 되었고, 그들에게 예수님을 알리는 복음의 다락방이 되었다. 지금 생각해 보면 그곳에서 보낸 시간은 앞으로 상담자로 살아가기 위한 예비연습이었던 것이다.

캐나다로의 도피

식당 관리자 일도 어느 정도 익숙해지고, 주방장과의 관계도 원만해졌다. 식당도 자리를 잡아서 일하는 것이 훨씬 편안해졌다. 그 무렵, 갤러리를 운영할 때 캐나다에 학교설립 기초자금 마련 전시회를 열어주었던 학교에서 개교 7주년 기념으로 나를 초청했다. 그 소식을 들으

니 하나님이 허락하신 또 다른 기회라는 생각이 들었다. 그래서 사라진 남편을 백방으로 찾아다녔다. 새로운 터전 캐나다에서 모든 것을 다 털어버리고 새롭게 시작하고 싶은 마음이 강하게 들었기 때문이다.

남편은 아무리 찾아다녀도 연락이 되지 않았다. 설상가상으로 식당 주인은 내가 캐나다로 떠나는 것을 허락하지 않았다. 그렇게 시간을 보내다가 과로로 쓰러지게 되었다. 그것이 계기가 되어 식당을 정리했고, 나는 딸과 함께 캐나다로 갈 준비를 했다.

캐나다에 도착한 후, 나는 한 달 동안은 학교 개교기념 행사와 캐나다에 있는 교회 간증으로 매우 분주했다. 그런 와중에 나는 캐나다에

정착할 수 있는 길을 알아보고 다녔다. 이국 땅에서 일을 구하는 것은
쉽지 않았다. 그래서 지인에게 부탁해서 한국의 상황을 설명하고 도움
을 요청했다. 며칠 뒤에 그분의 도움으로 나는 마트의 계산원으로 들
어갈 수 있었다. 첫 출근 했던 날, 마트의 사장은 늦은 밤에 나를 불렀
다. 마트의 규율에 대해 설명하겠다는 것이 이유였다. 마트에서 일하

가정을 살리는 女子

려면 자신과 한 밤을 보내야 한다는 어이없는 말을 하는 것이 아닌가? 나는 그 말을 듣고 기절할 듯이 놀라서 뛰쳐나왔다.

소개시킨 지인에게 미안해서 더 이상 그곳에 있을 수가 없었다. 그래서 딸을 데리고 밴쿠버의 한 아파트를 임대하고 다시 일을 알아보기 시작했다. 그러던 중에 새로운 사실을 알게 되었다. 한국에서 유학 온 목회자의 사모들이 경제적인 어려움을 해결하기 위해서 어렵게 살고 있다는 사실이었다. 그들은 학비와 생활비를 벌기 위해 식당에서 서빙을 하는 사람이 대다수였다. 그러는 중에 손님에게 팁을 받고 여자로서 수치스러운 일을 당하기도 하는 등, 정신적으로 어려운 상황에 처한 경우가 많다는 것을 알게 되었다. 어느 날은 어떤 여인이 우리 집을 방문했다. 그리고 본인의 상황을 말하며 나에게 도움을 요청하는 것이 아닌가?

그 여인은 캐나다에 유학온 목사님의 아내로서 생계를 위해 식당에서 일한다고 했다. 식당에서 일할 때 손님과 술을 함께 마시면 팁을 많이 준다고 했다. 그래서 한 푼이라도 더 벌어보려고 손님과 술을 마시게 되었고, 그렇게 일한 후에 집에 들어가면 남편이 참지 못하고 폭력을 휘두른다는 것이다. 그래서 그날은 집에서 도망쳐 나와 술을 깨기 위해 공원에 앉아 있다가 얼마 전에 교회에서 간증집회 때 들었던 말을 기억하고 나를 찾아왔다는 것이다. 내가 간증 말미에 갈 곳이 없다면 언제나 우리 집으로 오라고 했었다. 그분은 그 말을 기억하고 찾아왔다는 것이다. 공원에 혼자 앉아있으니 얼마 전에 일어난 총기사건이 떠올라서 너무 무서워 있을 수가 없더란다. 그래서 염치불구하고 찾아왔다는 것이다. 나는 간증시간에 그렇게 말하면서도 설마 찾아올까 생각했었다. 하지만 그 말을 잊지 않고 찾아와 준 것에 고맙기도 하면서, 그분의 사정이 안타까웠다. 우연히 일어난 것처럼 보이는 이 일은 쉼터 사역의 시발점이 되었다.

그 사모님이 찾아온 다음 날, 나는 음식 만드는 것에 자신감이 있었고 특히 김치를 잘 담그기에 어려운 유학생들에게 김치를 만들어 주고 싶은 마음이 생겼다. 마침 옆집에 사는 집사님이 어느 농장에 배추를 가지러 간다고 해서 따라갔다. 배추를 가지고 와서 근처 마트에 가서 필요한 양념을 샀다. 그리고 김치를 담갔더니 2kg씩 20통이 나오는 것이 아닌가? 마음에 감동이 일어 만들기는 했지만, 누구에게 어떻게 나눠줄지 고민이 되었다. 그러다 전날 방문했던 사모님이 생각이 나서 그분 교회에 김치를 가지고 가서 유학생들에게 나눠주었다.

김치를 받아서 가지고 가는 유학생들의 얼굴에 웃음꽃이 피었다. 그것을 바라보는 나도 흐뭇했다. 여기까지는 일이 서로 좋았는데, 어려움은 예상치 못한 곳에서 생겼다. 배추를 함께 가지러 갔던 집사님은 내가 다른 마음이 있어서 김치를 나눠주었다고 이상한 소문을 냈다. 순수한 마음이 왜곡당하니 그것 또한 견디기 힘들었다.

친정 가족에게 당하는 설움

내가 캐나다행을 결심했을 때, 아이와 함께 캐나다에서 새롭게 살고 싶었다. 하지만 그곳도 녹록치 않았다. 마음이 힘이 드니 모든 것이 버거웠다. 차라리 내 나라가 낫겠다는 생각을 했다. 다시 한국으로 돌아가고 싶은 마음이 생겼다. 다시는 가지 않겠다는 결심으로 떠나왔지만, 그래도 그곳이라도 가야겠다는 심정으로 한국행을 택했다.

내가 캐나다로 떠날 때, 나는 친정 식구들에게 큰 소리를 치고 떠나왔다. 그렇게 왔는데, 나는 6개월 만에 다시 빈털터리로 돌아가야 하는 것이다. 이런 모습으로 오긴 싫었지만, 소도 비빌 언덕이 있어야 비빈다고, 나는 캐나다에 기댈 언덕이 없었다. 그리고 딸에 미래를 위해 다시 힘을 내야 했다. 가지고 있는 살림살이를 유학생들에게 나눠주고, 미련 없이 짐을 꾸렸다. 말도 안 통하는 타국보다는 말이라도 통하는 곳이 낫겠다 싶은 마음이었다.

한국으로 돌아오는 길, 캐나다에서 가지고 온 것이라고는 가방 두 개가 전부였다. 갈 곳 없는 길 잃은 양의 모습이었다. 아무런 대책 없이 돌아온 엄마를 바라보는 어린 딸에게 너무 미안했다. 그리고 이렇게까지 벼랑 끝으로 몰아넣은 남편이 원망스러웠다. 하늘은 미치도록 새파랗게 펼쳐졌는데, 내 눈에는 왜 어두움만 보이는 것인지 미치도록 맑은 서울하늘이 더욱 서럽게만 느껴졌다. 아무 데도 갈 곳이 없었다. 하는 수없이 친정을 택했다. 길에서 딸을 재울 수는 없으니 자존심을 내려놓고 친정으로 들어갔다. 예상은 했지만 친정 식구들의 사늘한 반응에 몸과 마음이 굳어갔다. 나를 비난하는 목소리가 비수가 되어 마음에 꽂혔다. 마음 아프게도 친정 식구들은 싸늘했다. 나를 비난했다.

추석이 되었다. 동생네도 오고 온 가족이 모였다. 엄마는 술상을 차려 제부를 대접했다. 그 모습을 보고 참지 못해 한마디 했더니 열 마디가 되어 돌아왔다.

"예수 믿는 너는 잘나서 망해서 친정 들어왔냐. 그 꼴로 망해서 들어와서 살면서 뭐 할 말이 있다고. 장모가 사위들 와서 술상 차려주는 것이 뭐가 잘못됐어? 너나 예수 잘 믿고 부자 돼."

엄마는 어린 딸 앞에서도 서슴지 않고 나를 몰아세웠다. 딸 앞에서 민망했다. 그래서 기도원으로 도피할 수밖에 없었다. 그렇게 찾아간 기도원은 그나마 편안했다. 예배드리고, 하나님의 말씀을 보니 그렇게 평안할 수가 없었다. 그렇게 기도하며 하나님 앞에서 위로받던 중에 내 마음을 감동시키는 말씀을 만나게 되었다.

[1]주 여호와의 영이 내게 내리셨으니 이는 여호와께서 내게 기름을 부으사 가난한 자에게 아름다운 소식을 전하게 하려 하심이라 나를 보내사 마음이 상한 자를 고치며 포로 된 자에게 자유를, 갇힌 자에게 놓임을 선포하며 [2]여호와의 은혜의 해와 우리 하나님의 보복의 날을 선포하여 모든 슬픈 자를 위로하되 [3]무릇 시온에서 슬퍼하는 자에

가정을 살리는 女子

게 화관을 주어 그 재를 대신하며 기쁨의 기름으로 그 슬픔을 대신하며 찬송의 옷으로 그 근심을 대신하시고 그들이 의의 나무 곧 여호와의 심으신 그 영광을 나타낼 자라 일컬음을 받게 하려 하심이라 **4**그들은 오래 황폐하였던 곳을 다시 쌓을 것이며 옛부터 무너진 곳을 다시 일으킬 것이며 황폐한 성읍 곧 대대로 무너져 있던 것들을 중수할 것이며 **5**외인은 서서 너희 양떼를 칠 것이요 이방 사람은 너희 농부와 포도원지기가 될 것이나 **6**오직 너희는 여호와의 제사장이라 일컬음을 받을 것이라 사람들이 너희를 우리 하나님의 봉사자라 할 것이며 너희가 이방 나라들의 재물을 먹으며 그들의 영광을 얻어 자랑할 것이니라 **7**너희가 수치 대신에 보상을 배나 얻으며 능욕 대신에 몫으로 말미암아 즐거워할 것이라 그리하여 그들의 땅에서 갑절이나 얻고 영원한 기쁨이 있으리라 **8**무릇 나 여호와는 정의를 사랑하며 불의의 강탈을 미워하여 성실히 그들에게 갚아 주고 그들과 영원한 언약을 맺을 것이라 **9**그들의 자손을 뭇 나라 가운데에, 그들의 후손을 만민 가운데에 알리리니 무릇 이를 보는 자가 그들은 여호와께 복 받은 자손이라 인정하리라 **10**내가 여호와로 말미암아 크게 기뻐하며 내 영혼이 나의 하나님으로 말미암아 즐거워하리니 이는 그가 구원의 옷으로 내게 입히시며 공의의 겉옷을 내게 더하심이 신랑이 사모를 쓰며 신부가 자기 보석으로 단장함 같게 하셨음이라 **11**땅이 싹을 내며 동산이 거기 뿌린 것을 움돋게 함 같이 주 여호와께서 공의와 찬송을 모든 나라 앞에 솟아나게 하시리라(사 61:1-11).

이 말씀은 나를 부르신 말씀이라고 여겨졌다. 이 말씀을 보고 나는 바로 무릎을 꿇었다.

"하나님, 주께서 가신 그 길을 저도 따라 가고자 합니다. 모든 물과 피를 흘리신 그 길을 저도 따라 가고자 합니다. 험한 산, 바다 끝이라도 가겠습니다. 죽어가는 그 영혼을 위해서 제 자신도 기꺼이 내려놓겠습니다. 하나님 아버지, 내가 진정으로 주 앞에 엎드리니 저를 보내 주십시오. 목숨도 아끼지 않겠습니다. 세상과 충돌해도, 진심으로 그 영혼을 사랑하겠습니다. 주의 복음 들고 그 세상 속으로 가겠습니다. 나를 위해서 생명을 버리면서까지 저를 사랑하신 주님을 전하겠습니다. 주님, 부족한 저를 사용하여 주십시오. 주님만을 온전히 사랑하며, 주의 뜻대로 살기를 원합니다."

이렇게 나는 하나님의 뜻을 내 마음에 품고 그 인도하심을 따라 내 삶의 길을 걷기로 결심했다.

가정을 살리는 *女子*

하나님의 계획에 이끌리어

딸과 친정에서 지내면서 나는 할 일을 찾아다녔다. 그러던 중에 한 지인이 이화여자대학교에서 가정폭력 속에서 자란 남학생들의 폭력 성향에 관한 연구가 있다면서 함께 할 것을 제안했다. 나는 흔쾌히 수락하고 그 연구에 동참하게 되었다.

그 연구를 진행하면서 많은 것을 알게 되었다. 폭력 가정에서 자란 아이들의 삶은 너무 많이 뒤틀려 있고, 그 아이들이 성장했을 때, 다시 폭력을 행사하는 가장이 된다는 사실은 실로 충격이었다. 폭력이 다음 세대까지 이어지는 것이다. 이것을 보면서 마음이 아팠다. 그 연구는 2년 동안 진행되었는데, 그 기간 동안 특히나 가정폭력이 많이 발생하는 지역에 이 일의 해결에 도움이 될 수 있는 상담소가 있어서 도움을 주었으면 좋겠다고 생각했다.

안산에는 공단이 많아서 다른 지역에 비해서 집값이 저렴했다. 그래서인지 많은 사람이 와서 철새처럼 머물다가 돈을 벌고, 좀 모아지면 다른 지역으로 이사를 가는 특징이 있었다. 그래도 이렇게 머물다가는 가정은 좀 건정한 편이었다. 이혼과 재혼, 동거, 사별 등 깨진 가정이 많았고, 그 와중에 아이들은 방치되었다. 가출, 폭력, 성폭행까지 너무 많이 노출되었다. 이 아이들을 내버려 둘 수 없어서 나는 안산에 시급히 상담소가 생겨야 한다고 생각했다.

한 영혼, 한 가족의 회복을 돕는 자

'라브리(L`ABRI)'는 이화여자대학교에서 만난 사람들이 함께 시작한 것이다. 그 중에 한 분이 집을 오픈하면서 상담의 첫 발을 내딛은 것이다. 스위스에서 봤던 "라브리(L`ABRI)"가 생각이 나서 가정폭력상담소의 명칭을 라브리로 지은 것이다. 스위스의 라브리처럼 사람들이 와서 쉴 수 있는 곳이 되었으면 하는 바람을 가지고 말이다. 정식 명칭은 "라브리(L`ABRI) 위기가정 회복센터"로 가정폭력 상담을 위해 개설된 것이다.

이렇게 이름을 걸고 상담소를 열었지만, 상담을 받으러 오는 사람이 없었다. 더군다나 나는 상담을 전문적으로 공부한 사람이 아니었다. 그래서 광고도 제대로 할 수 없는 상황이었다. 내가 할 수 있는 것은 기도밖에 없었다. 기도 중에 마음에 떠오른 생각이 있었다. 경찰서에 찾아가서 폭력을 당해 위기에 처한 갈 곳 없는 여성이 있다면 시간을 무론하고 보내달라고 요청하는 것이다. 그래서 나는 매일 경찰서를 방문해서 상담소에 대해 소개하기 시작했다.

그날 이후, 경찰은 여러 사정을 가진 여인들을 밤이건 낮이건 가리지 않고 데리고 왔다. 구타로 인해 피를 흘리며 오는 여인, 술에 취해 악쓰는 여인, 눈치를 보며 놀란 여인 등 수많은 사연을 가진 여인들이 상담소를 채웠다. 그 여인들을 바라보면서 나 자신의 과거가 떠올랐다. 그래서 더 많이 아팠다. 그렇게 상담소를 찾아온 여인들을 위해서 내가 할 수 있는 것은 그들을 위해 기도하고, 씻기는 것뿐이었다. 그리고 깨끗한 이부자리를 내주어 쉬게 하는 일밖에 없었다. 쉴 수 있는 환경을 만들어 주면, 그들은 살아 생전에 이런 대접은 처음이라면서 엉엉 울기도 했다. 어떤 사람은 술이 깨지 않아서 이부자리에 구토를 하기도 했고, 밤새 자기 이야기를 하며 우는 사람도 있었다.

밤마다 찾아오는 그들의 이야기를 들어주고, 위로하니, 많은 사람이 살아났다. 자식 때문에 산다는 여인에게는 그게 진실이 아니라 남편을 사랑하는 마음으로 사는 것이 진실이라고 말해 주었다. 자식 때문에 살면 그게 진실이 되어, 남편을 더욱 원망하고 좋은 면을 바라볼 수 없으니 더욱 불행과 갈등만 나올 뿐이라고 말해 주었다.

그렇게 많은 사람을 위로하며 살았지만, 나는 좀처럼 안산에 정이

들지 못했다. 찾아오는 사람들만을 상담하는 것도 만족을 주지 못해서 이화여자대학교에서 진행되는 프로젝트도 참여하면서 나는 안산과 신촌을 오갔다. 그런 와중에 하나님의 강력한 마음의 감동은 강의안을 만들라는 것이었다. 하지만 나는 전공자도 아니니, 그렇게 정리한들 어디에 사용하랴라는 마음도 들었다. 그런 두 마음이 싸웠지만, 처음 주신 마음이 하나님이 주신 마음이라 생각하고 상담에 대한 이론적인 부분과 실제를 정리했다. 이론과 실제가 겸비된 하나의 강의안을 만든 것이다.

그렇게 일 년 반을 보냈다. 신촌과 안산을 오가면서 나는 계속 강의안도 만들고 있었다. 그런데 안산의 상담소가 월세를 내지 못해서 그 집을 비워줘야 하는 상황이 되었다. 장소가 사라지니 또 막막해졌다. 그래서 기도하며 간구했다. 그러던 중에 안산에 있던 한 교회를 방문하고 싶은 마음이 들었다. 그 교회를 찾아가서 그곳 사무장과 만나 내가 처한 상황에 대해 말했다. 그 얘기를 들은 사무장은 마침 교회에 상담소를 차리려고 했는데, 맡을 사람이 없어 유보한 상태라고 했다. 그러니 그 교회에서 상담소를 시작하라는 말을 하는 것이 아닌가?

찾아가는 상담사

하나님의 기가 막힌 인도하심을 따라 교회 상담실로 다시 옮기면서

가정을 살리는 *女子*

나는 찾아가는 상담을 시작했다. 그후 목장 모임에서 나를 초청해서 부부대화법 강의를 부탁했고, 가정폭력에 시달리는 성도나 우울증에 걸린 성도를 위해 그 가정을 방문하게 되었다.

이러한 섬김은 공개적인 장소에서 나를 조금 불편하게 만들었다. 많은 사람이 모인 곳에서 내가 웃으면서 차를 마시다가 상담을 의뢰했던 성도를 만나게 되면 혹시 오해하지 않을까라는 생각에 내담자를 배려하여 더욱 조심하게 되었다. 내담자가 상담자에 대한 신뢰가 떨어지면 마음이 닫히니 상담을 의뢰하는 사람이 늘어나면서 나는 더욱 깊숙이 자유를 누리기보다는 낮춰야 했다. 이렇게 불편한 생활을 해야 했지만 이상하게도 불평이 나오지 않았다. 이런 나를 보고 오히려 젊어졌다고 하고, 더 예뻐졌다고 하니, 이것은 하나님의 은혜를 입은 자의 특권이 아닌가 생각되었다.

그 교회로 상담소를 옮기면서 나는 두 가지의 일을 겪었다. 하나는 남편과 사별한 것이고, 하나는 조금씩 만들어 채운 강의안으로 새로운 일을 시작하게 된 것이다. 또한 교회에서 상담소를 시작하면서 캐나다에서 공부를 하다가 중단했던 상담공부를 다시 시작할 수 있게 되었다. 그러다가 그 교회가 건축을 하게 되어 새로운 장소를 물색해야 했다. 찾는 중에 선라이즈 건물 관리소장이 창고를 제공하겠다고 했다. 너무 감사했다. 내어주신 창고에 가보니 장소는 아주 넓었지만, 어떻게 사용해야 효율적일지 막막했다. 어떻게 활용해야 하나 고민하고, 채울 가구가 없어서 고민하여 기도했다. 그러다 예전에 갤러리를 운영할 때 도움을 주었던 인테리어 업체 사장님이 생각났다. 그곳에 연락했더니 흔쾌히 달려와 제법 상담소답게 꾸며주었다. 빈 공간을 채울 가구도 또 다른 사람들을 통해 공급해 주었다.

낮은 자를 높여 주시고

그렇게 하나님의 인도하심을 따라 2006년에 나는 안산에 세 번째 장소에 상담소를 시작할 수 있게 되었다. 이런 나의 시작을 격려라도 하듯이 MBC의 한 프로그램에 출연할 기회가 주어졌다. 그 프로그램 제작자들은 가정폭력을 경험한 여인들의 자존감에 대해서 취재하기를 원했다. 처음 하는 일이라서 많이 떨렸지만 기도하며 그 제작자들을 만났다. 제작자들은 가정폭력을 당한 여인들을 한 곳에 모아서 그 삶을 나누는 방식으로 하기를 원했다. 그래서 그 여인들을 모으고 나는 자연스럽게 삶에 대해 나눌 수 있게 유도했고, 그것이 방송에 나가게 되었다.

방송이 나간 지 한 달 후, KBS에서 가정폭력을 당한 여인들의 뇌를 분석하는 것을 취재하고 싶다고 연락이 왔다. 나는 흔쾌히 승낙하고, 1박 2일로 호텔에 머물면서 그 여인들과 동행취재를 하게 되었다.

프로그램들에 들어가서
배우는 것이

임신 4개월, 이혼결심!
철없는 부부

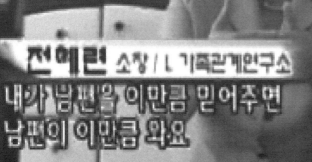

전혜련 소장 / ㄴ가족관계연구소

내가 남편을 이만큼 믿어주면
남편이 이만큼 와요

외박 일삼는
폭군 남편

이렇게 방송출연이 시작되었는데, 그 다음 해가 되자 여기저기서 연락이 왔다. SBS와 케이블에서 강의와 출연을 요청했다. 이렇게 쇄도하기 시작하니까 겁이 났지만, 미리 정리해서 만들어둔 강의안이 있어서 많은 도움을 받을 수 있었다. 그때 생각한 것이 기도하면서 주신 마음의 감동은 헛된 것이 없다는 생각이 들었다. 몇 년 전에 아무 소용도 없을 것 같았던 상담에 대한 강의안이 이렇게 사용될 줄 상상이나 했던가. 지금도 강의 요청이 오면 마음이 떨린다.

"하나님. 제가 어떻게 강의를 합니까? 전문가들 앞에서? 제가 무슨 얘기를 합니까?"

이런 마음이 가정 먼저 들지만, 그래서 부르심에 순종하며 감사하며 나아간다. 늘 빌립보서 4:4-7 말씀을 되뇌이며 말이다.

빌사사칠: 빌립보서 4:4-7

⁴주 안에서 항상 기뻐하라 내가 다시 말하노니 기뻐하라 ⁵너희 관용을 모든 사람에게 알게 하라 주께서 가까우시니라 ⁶아무 것도 염려하지 말고 다만 모든 일에 기도와 간구로, 너희 구할 것을 감사함으로 하나님께 아뢰라 ⁷그리하면 모든 지각에 뛰어난 하나님의 평강이 그리스도 예수 안에서 너희 마음과 생각을 지키시리라.

이 말씀을 묵상하면 두려움이 사라졌다. 현실은 두렵지만, 하나님

의 말씀을 의지하는 수밖에 없었다. 그 와중에 나는 박사과정을 시작
했다. 학비 때문에 전전긍긍하고 있는데, 학교에서 방송출연을 했던
영상을 보내달라고 했다. 그래서 그 영상을 보내줬더니 학비의 50%를
장학금으로 지급하는 것이 아닌가. 그 덕분으로 박사과정을 마칠 수
있었다.

낮은 자가 부르는 평강의 노래

세상 사람들에 편견을 바꾸신 하나님

방송출연은 장학금도 받게 하고, 나라는 사람을 알리게도 했다. 하지만 견제의 대상이 되기도 했다. 상담협회에 속하지 않은 내가 상담을 하는 것이 그들에 눈에 좋아 보일 리가 없었다. 다만 나는 하나님 앞에서 이 일에 헌신하기로 한 사람이기에 담대하게 나아간 것이다. 하지만 나는 교회를 통해서 상담을 하고 있었기에 기독상담협회에 가입하였다.

상담소를 운영하면서 상담만 한 것이 아니라 박사과정 공부도 했고, 많은 동역자도 만나게 되었다. 이렇게 8년을 지내다보니 나는 조금 지쳤다. 그래서 안식년을 가지고 싶었다.

> 주인이 이르되 잘 하였도다 착하고 충성된 종아 네가 적은 일에 충성하였으매 내가 많은 것을 네게 맡기리니 네 주인의 즐거움에 참여할지어다 하고(마 25:21).

나는 찾아오는 사람들의 학식이나 환경에 개의치 않고 그들의 아픔에 귀를 기울이고 집중했었다. 나는 단지 아픈 사람의 삶과 영혼이 회복되어가는 모습을 보는 것이 즐거움이었다. 그런데 그들의 회복을 보게 하신 것은 내 개인적인 즐거움이 아니라 하나님의 즐거움에 참여하는 일이라는 것을 깨달았다. 그들이 회복되면 하늘 아버지가 즐거워할

가정을 살리는 女子

일이라는 것을 깨달았다.

이후에 더욱 하나님의 뜻에 귀를 기울이며 살려고 노력했다. 그러던 차에 용인의 한 교회에서 상담소를 시작한다는 소식을 듣게 되었다. 그래서 바로 찾아갔더니 상담소를 내게 허락해 주겠다는 허락을 받고, 나는 이사를 하게 되었다.

용인으로 상담소를 옮기고 나니 상담소 운영권이 교회에 있다면서 내가 자리를 잡기에 힘든 상황이 되었다. 분란이 그치지 않자, 나는 이곳에서 사역을 접어야 하는가 생각했다. 그 상황을 위해서 기도하던 중에 마음에 감동이 왔다.

"어미 새가 독수리를 훈련시킬 때는 둥지를 흩어버린단다. 그리고 등에 태워 높은 곳에서 떨어뜨리고 받는 훈련을 한단다. 그렇게 해야 험한 세상에서 살아 나갈 수 있기 때문이란다. 나 또한 너를 위해 이런 훈련을 시키는 것이고 내가 결코 너를 혼자 두지 아니할 것이다."

거저 받은 자에게 거저주라 하신 말씀대로 지금까지 그렇게 살아왔다. 그런데 이 말씀에 힘입어 분당에 상담소를 열게 되었다. 이제는 전문가로서 출발을 할 수 있는 시점에 이르른 것이다 그래서 유료상담소를 열게 되었다. 그 소식을 들은 기존의 내담자들과 방송출연자들의 방문은 끊이지 않았다. 많은 사람을 상담하면서 내 마음이 마냥 편한 것은 아니었다. 거저 주라고 하셨는데, 내가 먹고 사는 것을 염려하며 유료로 상담소를 운영하는 것은 아닌지 고민이 되었다. 그래서 또 다

시 하나님 앞에 엎드려 기도하게 되었다.

"하나님. 저는 제가 많은 수입을 얻는 것을 원하는 것이 아닙니다. 그저 딸과 둘이 먹고 사는 것, 학업을 지속 하는 것만 해결되면 무료로 상담하고 싶은데 제가 어찌하면 좋을까요?"

나그네 된 이방여인들에게 집을 내어주라

기도를 하던 중에 마음에 우리 집을 열어야겠다는 마음이 들었다. 그래서 그 마음에 순종하여 분당의 상담소를 정리하고 현재 사는 집과 앞집을 임대하여 상담소와 쉼터로 공개하기로 마음을 먹었다. 안산에서 사역하면서 집으로 찾아온 여인들에게 쉼을 제공해 준 것이 용인에서 본격적으로 다문화 라브리 쉼터 사역으로 변화된 것이다.

내가 외국에 갔을 때, 많은 사람에게 도움을 받았던 것을 기억하고, 나도 여성이민자들을 도와야겠다는 생각을 했다. 그래서 용신시에 정식으로 등록해서 다문화쉼터 사역을 시작하게 되었다. 새로운 사역의 시작으로 기뻤고, 평안했다.

그런 와중에 또 다른 동역자를 만나게 되었다. 그래서 서울에서도 상담할 때 사용할 수 있는 상담실을 마련해 주었다. 상황이 이렇게 안정이 되자 내담자가 오면 더욱 평안하게 상담에 임할 수가 있었다.

엄마가 보내는 편지

이제 스무 살이 된 딸에게

내 사랑스런 딸

엄마 딸로 태어나 주어 고맙다.

힘들고 지친 지난 날, 미숙하고 부족하여

너에게 상처를 주고 아프게 했던 날들을 용서해 주길 바란다.

네 키가 자라고 성숙해가며

하나님을 경외하고 말씀을 순종하며 여기까지 왔으니

주께서 앞으로도 너의 길을 인도하시고

너의 밟는 모든 땅 만나는 모든 자에게 화평케 하사 복음을 전하고

너처럼 아프고 힘들었던 아이들을 치료하고 회복시키는

축복의 통로가 되길 생일을 축하하며 기도한다.

사랑해!

너의 친구인 엄마로부터.

언제나 미안해 그리고 사랑해

지금도 딸을 생각하면 마음 한구석에 저림과 뿌듯함이 공존한다. 아빠와의 추억도 없고, 아빠가 자상하게 돌봐주지도 못했고, 아빠에 대한 기억은 술을 벗 삼은 것밖에 없다. 그런 환경에서 자란 딸이지만, 지금은 나의 든든한 지원자로, 동역자로 함께 한다. 엄마가 잘 돌봐주지도 못했지만 참 착하게 자라준 딸이다.

딸 아이가 태어나면서 남편의 음주가 다시 시작되었고, 엄마를 폭행하는 모습을 보았다. 부도로 길거리에 나앉고, 캐나다로 이주했다가 실패했고 다시 한국으로 돌아와서 온전한 부모의 사랑을 받지 못하고 자랐다. 갤러리 부도로 집에 낯선 사람들이 자꾸 찾아와서 집에 도저히 있을 수가 없어서 아이와 함께 교회에서 살다시피 했다. 그렇게 지내는 데도 아이는 큰 불평 없이 엄마를 잘 따라줬다.

연희동에서 일 년 동안 식당일을 할 때는 거의 돌봐주질 못했고, 캐나다로 떠날 때도 아이를 생각하기보다는 나를 위해서 떠났다. 아이를 전혀 배려하지 못했었다. 그런 환경에서 자랐지만 밝게 자라준 것이 얼마나 큰 감사이고 기쁨인지 모른다.

캐나다에서 돌아와서 갈 곳이 없어서 친정으로 돌아갔을 때, 아이는 외가에서 환영받지 못했다. 외할머니와 이모에게 차별과 눈치를 받고 자랐다. 아이는 자주 밥을 굶어야 했고, 늦은 시간에 집에 들어와 보면 아이는 엄마를 기다리다가 지쳐 쓰러져 자고 있었다. 딸은 점점 자신감을 잃어갔고, 유치원에 가는 것도 거부했다. 그런 아이를 억지로 끌다시피 이른 시간에 유치원에 맡기고 출근하는 내 심정을 이루 말할 수 없었다.

책 속의 돈

연희동에 살던 동생 집에 지낼 때, 딸은 학교에 입학하게 되었다. 여유로운 동네였기에 아이들조차도 물질의 풍족함을 누리고 살았다. 그런데 딸도 친구들처럼 누리고 싶었나보다. 나는 결혼생활 동안 책 사이에 돈을 넣어놓는 습관이 있었는데, 갤러리 부도 후에는 책에 넣어놓은 돈으로 생활비를 충당했다. 엄마가 책에서 돈을 꺼내서 용돈을 주는 것을 봤던 딸은 엄마가 없을 때, 거기서 돈을 꺼내 사용했나보다. 보통 용돈으로 천 원을 줬는데, 그게 딸에게는 부족했던 모양이다. 어린 아이가 큰돈을 쓰는 것을 이상하게 여긴 문구점 주인이 담임선생님께 연락했고, 선생님은 나에게 연락을 해왔다.

"어머니. OO에게 돈 주셨어요?"

"네. 선생님. 왜 그러시는데요?"

"문구점에서 전화가 왔는데 OO가 친구들에게 간식을 사줬다고 해요. 그래서 어머님께서도 아시는 일인가 해서요."

"네. 오늘 간식비 줬어요."

그러나 나는 그 액수가 이만 원인 것은 몰랐다. 집에 돌아와 자고 있던 딸을 깨웠다.

"딸아. 오늘 친구들에게 간식 사줬니?"

"저어 으앙!! 엄마. 잘못했어요."

"왜? 뭘 잘못했는데? 왜 울어?"

"친구들이 서로 사줘서 얻어먹다 오늘은 사주고 싶어서 엄마 책에서 돈을 꺼냈어요. 잘못했어요."

나는 당황했다. 얼마를 가져갔는지 나는 모르고 있었다. 그런데 딸은 엄마가 그렇게 물으니 겁이 났나보다.

"딸아! 엄마가 너 굶긴 적 있니?"

"아니요."

"딸아. 저 돈은 너와 엄마가 굶지 않기 위해 넣어 둔 것이야. 그래서 아무 때나 꺼내서 쓰는 것이 아니야. 그리고 책 속에 돈이 있다는 것은 너와 엄마만의 비밀이야."

내가 책이 얼마나 많았는지, 그 속에 넣어둔 돈이 얼마나 많았는지,

그것을 꺼내 쓴 기간이 2년이나 되었다. 나는 그 2년 동안 하나님을 붙든 것이 아니라 책 속에 넣어둔 돈을 붙들었고, 그것이 떨어지니 그제야 하나님을 찾기 시작했다.

그렇게 친정에서 사는 기간 동안 딸과 함께한 시간이 너무 없었다. 그래서 둘이서 오붓한 시간을 보내고자 지인의 펜션에서 3개월을 지내기로 했다. 새로운 환경으로 바뀌는 것이긴 했지만, 초등학교 2학년인 딸이 무슨 생각이 있을까 싶어서 독단적으로 결정해서 이사했다. 그러나 그것이 딸에게 상처가 된다는 것을 알지 못했다. 엄마의 무심함이 딸에게 남겨준 상처였다.

아직도 깨닫지 못하는 어리석은 나

캐나다에서 몇 개월 동안 머물 때, 딸은 캐나다 교육환경에 맞춰서 발레와 플롯을 무료로 배울 수 있었다. 한국에 돌아와서도 배운 것이 아까워서 계속 학원을 다니고 있었다. 하지만 그것은 대부도에서는 앞서나간 교육이었다. 그것으로 인해 딸은 또래 아이들에게 왕따를 당하게 된 것이다.

미련한 엄마는 그것도 모르고 새로운 환경에서 쉼을 가질 수 있다는 기쁨에 아이가 학교에 가면 성경통독 테이프를 틀어놓고 성경을 읽고, 뒷산에 올라서 고사리를 따고, 바닷가에 가서 꼬막을 잡고, 낙지를 잡으며 혼자서 전원생활을 즐겼다.

그날도 나는 갯벌에서 하염없이 자연을 누리며 찬양하고, 기도하고 있었다. 정신을 차려보니 이미 물은 차오르고 있었다. 너무 놀라서 나오려다가 발을 헛디뎌서 갯벌에 빠지게 되었다. 순간 딸이 떠올랐다. 내가 우리 딸을 남겨두고 죽으면 얼마나 놀랄까 싶어서, 죽을 힘을 다해 빠져나오려고 노력했다.

겨우 갯벌에서 빠져나왔더니 너무 기진맥진 했다. 그래서 쓰러져 누워있는데, 마음에 고요히 한 음성이 들려왔다.

"혜련아. 너 아까 물 빠졌을 때 봤지? 물 빠져 있을 때는 그 속에 온갖 보물이 있는 것이 보이지? 지금 물 차있는 것 봐라. 물이 차 있으면 그 속에 보석이 있는지 무엇이 있는지 아무것도 안 보인단다. 네가 많은 것을 가지고 있었고 많은 것을 누리고 살았을 때는 보석이 보석으로 보이지 않았단다. 네가 너처럼 힘들고 지치고 일어날 힘없어 낙망하고 쓰러져 있는 영혼들을 위해서 네 인생을 살 수 있겠니?"

그 마음의 울림을 듣고 나는 그대로 주저 앉을 수 없었다. 하나님 앞에 그대로 살겠노라고 나는 그 바닷가에서 결단했다.

> 돈을 사랑하지 말고 있는 바를 족한 줄로 알라 그가 친히 말씀하시기를 내가 결코 너희를 버리지 아니하고 너희를 떠나지 아니하리라 하셨느니라(히 13:5-6).

가정을 살리는 *女子*

약속의 쌍무지개

기도를 하고 보니 딸이 하교할 시간이 되어 서둘러 집으로 가는 길에 갑자기 소나기가 쏟아졌다. 딸이 비를 맞을까 싶어 우산을 챙겨들고 마중을 나갔다. 아이를 만나 함께 근처의 소나무 숲을 걸으며 산책을 했다. 비오는 날 소나무 숲에서는 소나무 향이 그득했다. 마음이 평안해졌다. 산책하던 중에 비가 그치고 집으로 돌아오는 글에 쌍무지개를 봤다. 마치 하나님이 노아에게 다시는 물로 심판하지 않겠다면 무지개로 약속하신 것처럼 이제 다시는 눈물 흘리게 않게 하시겠다는 의미로 우리 모녀에게 쌍무지개를 보여주시는 듯 했다.

토요일이면 대부도에서 나와 교회에서 잠을 잤다. 그리고 주일 예배에 참석하고, 다시 대부도로 돌아오기를 3개월 동안 반복했다. 그 시간은 내게 참 평안을 주었다.

대부도에서 3개월을 보내고, 우리 모녀는 안산으로 이사를 했다. 다시 새로운 시작인 것이다. 외가에서 받은 차별, 대부도에서 겪은 왕따를 모두 잊게 할 새로운 장소인 안산에서 우리 모녀는 희망에 부풀었다. 새로운 집으로 이사를 와서 방을 정하려고 하는데, 딸은 당연히 우리가 사용할 방은 넓은 방이라고 생각했다. 그런데 모든 짐을 작은 방에 넣자, 딸은 왜 큰 방을 비워놓느냐고 물었다. 나는 그 방은 우리 방이 아니라 상담을 받으러온 사람들이 쉬어갈 방이라고 설명했다.

45평이라는 넓은 집에 가진 짐이라고는 이부자리가 전부였다. 냉장고가 없어서 야쿠르트 아줌마에게 받은 보냉 가방에 슈퍼에서 사온 생수를 넣어서 냉장고 대용으로 사용했다. 교회 성도나 친정에서 김치를 주면 냉장고가 없어서 하루 만에 익어버렸다. 그런 와중에도 딸은 행복하다고 했다.

딸은 새로운 환경에 잘 적응해 주었다. 대부도에서는 전교생이 6명밖에 되지 않아서 딸은 그 틈에 끼지 못했다. 하지만 안산으로 나오니 딸은 자기가 할 수 있는 것이 많다는 자신감에 즐겁게 학교생활을 시작했다. 아는 것이 많다고 자랑만 하는 것이 아니라 아이들을 도와주었다. 그랬더니 딸 주변에 친구들이 모여들었고, 그런 딸을 선생님이 칭찬하니 아이는 더 밝아졌다.

딸이 초등학교 5학년 때에 이런 일이 있었다. 어느 날 나에게 오더니 500원 짜리 동전 하나를 내민다.

"엄마. 저도 상담 좀 해주세요. 엄마와 함께 얘기하고 싶은데 시간이 없으니 상담을 해주세요."

하는 짓이 귀여워서 웃으면서 농담처럼 딸과 대화하기 시작했다. 그런데 딸의 입에서 나오는 말은 엄마의 마음을 아프게 만들었다.

"엄마. 제가 얼마나 외로웠는지 엄마는 아세요? 저는 외로웠는데 엄마는 밤마다 맞고 온 아줌마들을 위해 품고 울어주면서 저를 위해 안고 울어준 적 없으시잖아요. 그리고 밤마다 우는 아줌마들의 소리를 들으면서 얼마나 무서웠는지 모르시잖아요. 제가 공부를 열심히 하기 위해 얼마나 힘들었는지 엄마가 아세요? 그런데 어느 날 엄마가 학교에 오더니 저를 조퇴시키시면서 빨리 가야한다기에 멋모르고 쫓아갔더니 집에 가서 검은 옷으로 갈아입히더니 아빠가 돌아가셨다고 장례식장에 데리고 가셨어요. 저는 아무것도 모르겠고 아빠가 돌아가셨다는 것이 실감도 나지 않고 눈물도 나지 않았어요. 너무 놀라서 아빠 사진을 보고 있는데 큰아빠와 고모부가 술이 취해서 엄마가 교회에 다녀서 아빠가 죽었다고 너는 이 씨니까 이리 오라고 하는데 얼마나 무서웠는지 엄마 모르시잖아요. 저는 그때 하나님이 너무 미웠어요. 엄마는 하나님만 믿으라고 하셨어요. 5살 때부터 매일 QT시키셨고 잠언을 한 장씩 읽지 않으면 혼내기만 하셨고 그런 것들이 얼마나 속상했는지 엄마 아세요?"

이 이야기를 딸의 입을 통해서 듣는데, 눈물이 폭포수처럼 흘렀다. 딸이 내민 500원짜리 상담을 통해 딸과 관계를 회복하게 되었다. 더 돈독해졌고, 이 날을 계기로 의무적으로 하던 QT와 가정예배가 아닌 서로의 삶을 나누며 은혜를 누리는 즐거운 시간이 되었다.

[12]그러므로 너희는 죄로 너희 죽을 몸에 왕 노릇하지 못하게 하여 몸의 사욕을 순종치 말고 [13]또한 너희 지체를 불의의 병기로 죄에게 드리지 말고 오직 너희 자신을 죽은 자 가운데서 다시 산 자와 같이 하나님께 드리며 너희 지체를 의의 병기로 하나님께 드리라 [14]죄가 너

희를 주관치 못하리니 이는 너희가 법아래 있지 아니하고 은혜 아래 있음이니라(히 6:12-14).

성실한 딸

바쁜 엄마로 인해 혼자서 지내야 했던 딸은 그래도 성실했다. 캐나다에서 돌아온 후에 영어를 잊지 않도록 하기 위해 나는 출근하면서 시간을 정해주고 AFKN을 보게 했다. 그리고 문제집을 푸는 시간을 정해주면 그대로 하였다. 어른도 시간 맞춰서 공부하는 것이 쉽지 않은 일인데, 딸은 엄마와 약속을 잘 지켰다. 그렇게 성실히 하니 영어를 잊지 않았고, 오히려 실력이 늘었다. 초등학교 4학년 때, 9박 10일 동안 마셜 박사의 NVC 대화법 강의를 들었는데, 통역까지 할 수 있을 정도가 되었다.

중학교 1학년 때, 담임선생님이 말씀하시길 반에서 분쟁이 일어나면 딸이 나서서 중재를 한다고 했다. 그리고 이상하게도 우리 딸이 나서서 중재를 하면 문제가 잘 해결된다고 했다.

"딸아. 선생님이 네가 중재자래. 엄마가 생각하기에 하나님이 너에게 아주 특별한 달란트를 주신 것 같아. 네가 가는 곳마다 화평케 되는 역사가 일어나게 하신대."

"아멘!"

그때부터 해왔던 것 같다. 내 휴대폰에 딸 이름은 "화평케 하는 딸"로 된 것이 말이다. 지금은 대학생이 되었는데, 지금도 동아리에서 무엇을 결정해야 할 상황이 되면 이구동성으로 딸아이에게 물어본다고 한다.

딸을 보면서 나를 돌아본다. 억지로 등을 밀어가며 만드신 가정사 역자가 나라면, 딸은 이미 준비된 상담가처럼 보인다. 엄마보다 훨씬 크게 사용할 것이라는 기대감과 또 그렇게 이끌어 가시는 하나님의 손길을 본다. 어려운 환경에서도 바르게 자란 것에 감사하고, 또 아침은 못 먹여도 QT와 예배를 빼먹지 않은 것은 잘한 일이라 생각된다.

딸은 올해 대학에 입학했다. 그러나 합격한 여러 대학 중에서 입학할 학교를 결정하기까지 엄마의 권유와 딸의 고민과 기도는 내가 대신

낮은 자가 부르는 평강의 노래

해 줄 수 없는 것이었다.

"엄마, 엄마가 저에게 물려주신 가장 큰 유산은 어릴 적부터 QT와 가정예배를 드린 거예요. 정말 감사해요. 그런데 제가 고대, 한양대 등 여러 학교에 합격했는데 엄마가 한동대를 가야 한다고 하셨을 때 저는 정말 싫었어요.

저는 고려대에 가고 싶었거든요. 엄마가 대학가고 나면 선교사로 나가야 하니까 한동대를 가야만 한다고 하시는데 솔직하게 엄마에게 반항하고 싶었어요. 하나님한테도 따지고 싶었어요. 그래서 한 달 동안 새벽기도를 나가면서 왜 고려대가 아닌 한동대를 가야하는지 이유를 알게 해달라고 기도했어요. 그런데 하나님은 저를 만나주지 않으셨어요. 새벽기도 끝나고 학교를 가는 그 길이 저는 너무 힘들었어요.

침묵하시는 하나님이 너무 미웠어요. 그런데 20일 쯤 지났을 때 한동대를 가야하는지 알게 되었어요. 하나님이 저를 위한 특별한 기대가 있다고 하셨어요. 엄마가 늘 저를 위해 기도하시면서 화평케 하는 딸이라고 하셨는데 저는 그 말이 너무 듣기 싫었어요. 저는 학교 다니면서 친구들이 저를 힘들게 해도 엄마의 그 말 때문에 싸우면 안 되는 사람이었고 친구들과의 관계에서 중재만 해주는 사람이었어요.

저도 어떤 때는 친구들에게 욕도 해 주고 싶었고 때려 주고도 싶었는데 그때마다 엄마의 '화평케 하는 사람'이라는 말이 족쇄처럼 따라다녔어요. 그런데 기도하면서 하나님께서 저를 그렇게 사용하려고 하실 것 같다는 생각이 들었어요. 저를 하나님의 사람으로 사용하시기 위해 훈련시키시려고 한동대에 가기를 원하신다는 마음을 주셨어요. 그래서 기쁘게 고려대를 포기하고 한동대를 선택했어요."

딸은 이렇게 기도로 한동대를 선택했다. 이렇게 선택한 학교이니 대학생활도 성실하게 잘 할 것이고, 마지막까지 나와 함께 동역할 것이다.

> 진실로 너희에게 이르노니 무엇이든지 너희가 땅에서 매면 하늘에서도 매일 것이요 무엇이든지 땅에서 풀면 하늘에서도 풀리리라 면 하늘에서도 풀리리라(마 18:18).
> 내가 천국 열쇠를 네게 주리니 네가 땅에서 무엇이든지 매면 하늘에서도 매일 것이요, 네가 땅에서 무엇이든지 풀면 하늘에서도 풀리리라(마 16:19).

네가 힘이 들 때 하늘을 한 번 더 보아라

끝도 없는 창공 그곳에서 나는 너를 보고 있다

웃고 있는 너를 보는 내 마음은 기쁨이고

울고 있는 너를 보는 내 마음은

가슴에서 짓이겨지는 아픔이다

내가 너를 위하여 고통을 없이 해 주고 싶어도

인생으로 주어진 숙제로

어차피 네가 넘어야할 산이고

네가 한번은 지나야할 고행이라서

그리하여 너의 오만함의 돌덩어리를 깎아내어

나의 귀한 보석으로 만들어

내 귀한 사랑으로 보듬어 주려함이니

너무 슬프다고만 말고

너무 아프다고만 말고

너의 마음과 생각이 더욱 굳건히 지켜

내 귀한 열매가 되어 주기를

내 아가야 나는 간절히 바란다

너가 태어나기 전 너는 이미 내게 선택하여졌고

이 길로 오기까지 내가 너를 인도하였다

내 사랑아 내 보배야 내 아들을

피 흘리기까지 너무나 아팠던

천 갈래 만 갈래의 가슴 아림의

그 십자가 네가 모르는 죄까지도

씻어 주려는 나의 간절한 애태움

그 육천 년 속의 기다림 속에

너는 분명히 내게서 준비된 열매였다

사소하고 순간적인 고행을

너에게 주어진 귀한 생명과 바꾸는 죄

어리석은 사단의 놀림에서

헤어나지 못하면 나는 너에게서 멀어질 것이다

마지막 주어진 그날을 강하게 버티고 이겨서

내가 너를 부른 내 사랑을 확인하려무나

너는 세상의 어느 것보다 견줄 수 없는

가정을 살리는 女子

나의 소중한 보배 첫 열매이노라

나 또한 너를 위한 그 아픔을 모른 체하지 않는다

가끔은 빛이 찬란한 하늘에서 너를 지키고 있다

나는 어디에서도

너를 향한 눈길을 놓지 않는다

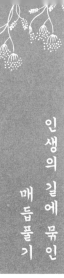

인생의 길에 묶인
매듭풀기

살아오면서 많은 사람과 얽힌 매듭이 있다.

친정 식구들.

남편

남편으로 인해 만나게 된 시댁 식구들

공동체(이웃)

이 매듭을 풀고 싶었다.

내 방법이 아닌 하나님의 방법으로

가정을 살리는 女子

남편의 마지막 모습

안산 동역교회가 2차 사역지로 정해지고 사역을 시작하던 첫 날, 예배를 드리면서 말씀을 듣는데, 알 수 없는 눈물이 나오기 시작했다. 왜이렇게 하염없이 눈물이 흐르던지, 이유를 알 수 없었다. 예배가 끝나고 나는 그 눈물의 의미를 알게 되었다.

동역교회가 사역지로 정해지기 두 달 전, 연락도 없이 시숙과 동서가 찾아왔다. 남편이 몸이 많이 상해서 수술을 받아야 한다고 했다. 그래서 수술동의서에 보호자 서명이 있어야 하는데, 내가 배우자이니 서명이 필요하다고 했다.

나는 환자의 상태도 안보고 수술동의서에 서명을 하는 것이 내키지 않았다. 내가 직접 병원으로 가서 자세한 설명을 듣고 하겠다고 했다. 그러나 내게 병원을 알려주지 않았다. 그들은 그냥 돌아갔다. 사람이 아파서 수술을 받아야 한다는데, 무작정 서명만 해달라니, 의구심만 가득할 뿐이었다. 그렇게 그 사람들이 가고, 며칠 뒤 다시 연락이 왔다. 내가 서명을 해주지 않아서 수술을 못하고 있다고, 그렇게 수술도 못하고 남편이 죽으면 후회할 거라고. 그래서 병원을 알려달라고 했다. 그제야 병원 이름을 알려준다.

병원으로 달려가 보니, 남편은 간경화에서 간암으로 진행된 상태였다. 그런 남편 옆에는 낯선 여인이 있었다. 알고 보니 내가 캐나다에

가려고 남편을 찾아 헤맬 때, 남편은 그 여인과 함께 지내고 있었다. 그것을 알고 있었던 시댁 식구들에게 내 존재는 어려울 때 남편을 버린 사람이었다. 그리고 그런 남편을 돌봐준 그 여인은 은인 같은 존재였다. 그래서 시댁 식구들은 남편이 죽은 후에 남편의 그림과 재산을 그 여인에게 주었다고 한다.

내가 나타나자 그 여인은 깜짝 놀라는 듯 했다. 나는 아무 말도 할 수 없었다. 다만 남편에게 가져간 성경책을 건네면서 한마디 했다.

"나한테는 당신이 어떻게 하고 갔든 내가 선택한 남편이니까 나에게 미안해 할 필요는 없어. 다만 아이에게 만큼은 꼭 미안하다는 말을 해줬으면 좋겠어."

가정을 살리는 *女子*

그렇게 말하고 병실을 나왔다. 그날 본 남편의 보습은 살아 생전에 본 마지막 모습이었다. 그날 이후, 남편은 아이 사진을 자주 보면서 오열했었고, 밖으로 뛰쳐나오다가 쓰러지기를 반복했다고 한다. 그리고 남편은 그렇게 세상을 떠났다고 했다.

남편을 조문하다

네가 물 가운데로 지날 때에 내가 함께 할 것이라 강을 건널 때에 물이 너를 침몰치 못할 것이며(사 43:2).

하나님이여 구하옵나니 이번만 나로 강하게 하옵소서(삿 16:28).

동역교회에서 드리는 첫 예배에서 하염없이 울고 나왔다. 울고 나온 나는 남편이 이 땅을 떠났다는 소식을 들었다. 남편의 소식을 듣고 아이를 데리고 강남성모병원으로 가려고 했다. 그런데 잘 알고 지내던 전도사님이 빈소에 가는 것을 막았다. 가면 봉변을 당할 수도 있을 것이라고 했다. 그러나 교구목사님은 나중에 아이를 생각해서 고인의 빈소에는 가야한다고 했다. 나를 생각하는 두 분이 상반되는 의견을 말씀하시니 갈등이 되었다. 그러나 마음을 다잡고 지구목사님과 안수집사님 몇 분과 함께 장례식장으로 향했다.

남편의 영정 앞에 서니 아무런 말도 나오지 않았다. 눈물만 날 뿐이었다. 살면서 남편이 내게 행한 폭력, 갤러리를 열고 아는 것이 없어서 밤마다 도서관에서 공부했던 일, 살아 보려고 아등바등 했던 순간들이 주마등처럼 스쳐지나갔다. 그리고 상주자리엔 병원에서 봤던 그 여인이 있었다. 어떻게 그럴 수 있을까? 그렇게 서 있는 나를 시누이와 시매부가 보더니 놀라면서 쫓아내려는 것이 아닌가? 내가 믿는 예수님이 자신들의 혈육을 데려갔다는 것이었다. 그러면서 소리를 지르는 것이 아닌가?

내게 소리를 지르는 시숙과 남편 친구들의 사늘한 눈초리를 뒤로하고 잠잠히 장례식장을 나왔다. 딸에게 또 이런 모습을 보여줘서 미안하고 속상했다. 하지만 이내 나는 평온을 되찾아서 나 자신도 놀랐다. 그것 또한 하나님의 은혜였고, 또 남편의 마지막을 그 여인이 지켜준 것에 대해서 고마운 마음이 들었다.

> 무릇 그리스도 예수 안에서 경건하게 살고자 하는 자는 핍박을 받으리라(딤후 3:12).
>
> 다만 이뿐 아니라 우리가 환난 중에도 즐거워하나니 이는 환난은 인내를, 인내는 연단을, 연단은 소망을 이루는 줄 앎이로다(롬 5:3-4).

나중에 들은 얘기인데, 나에게 조문을 가지 말라고 말한 전도사님은 경복고 동문들이 교회에 부고를 알려서 먼저 장례식장에 다녀왔었다고 한다. 그런데 시댁 식구들이 자신들은 천주교 신자라면서 조문을 하지 못하게 했었고, 또 내가 나중에 오게 되면 절대 조문을 하지 못하게 막을 거라고 했었다고 한다. 그래서 나의 조문을 만류했던 것이다.

실제로 조문가는 날 당시 그들은 정문에서 지키고 있었고, 나는 후문으로 들어가서 만나지 못했었다. 불행 중 다행이었다. 장례를 치르면서 남편이 시신 기증을 했다는 것을 알게 되었다. 시신은 기증하고 1년 후에나 받을 수 있다고 했다. 그래서 장례식장을 황망한 마음으로 나왔다. 그 마음을 어찌 할 수 없어서 교회 기도실로 가서 기도하였다.

우는 자들로 함께 울라

[15]즐거워하는 자들로 함께 즐거워하고 우는 자들로 함께 울라 [16]서로 마음을 같이 하며 높은 데 마음을 두지 말고 도리어 낮은데 처하여 스스로 지혜 있는 체 말라(롬 12:15-16).

무릇 그리스도 예수 안에서 경건하게 살고자 하는 자는 박해를 받으리라(딤후 3:12).

또 너희가 내 이름으로 말미암아 모든 사람에게 미움을 받을 것이나 끝까지 견디는 자는 구원을 얻으리라(마 10:22).

[1]슬프다 이 성이여 전에는 사람들이 많더니 이제는 어찌 그리 적막하게 앉았는고 전에는 열국 중에 크던 자가 이제는 과부 같이 되었고 전에는 열방 중에 공주였던 자가 이제는 강제 노동을 하는 자가 되었도다 [2]밤에는 슬피 우니 눈물이 뺨에 흐름이여 사랑하던 자들 중에 그에게 위로하는 자가 없고 친구들도 다 배반하여 원수들이 되었도다 [3]유다는 환난과 많은 고난 가운데에 사로잡혀 갔도다 그가 열국 가운데에 거주하면서 쉴 곳을 얻지 못함이여 그를 핍박하는 모든 자

가정을 살리는 女子

> 들이 궁지에서 그를 뒤따라 잡았도다 ⁴시온의 도로들이 슬퍼함이여
> 절기를 지키려 나아가는 사람이 없음이로다 모든 성문들이 적막하며
> 제사장들이 탄식하며 처녀들이 근심하며 시온도 곤고를 받았도다 ⁵
> 그의 대적들이 머리가 되고 그의 원수들이 형통함은 그의 죄가 많으
> 므로 여호와께서 그를 곤고하게 하셨음이라 어린 자녀들이 대적에게
> 사로잡혔도다(애 1:1-5).

남편이 이 세상을 떠난 후에 내가 왜 이런 일을 겪어야 하는지 의문
이 들었다. 하나님의 말씀에 아파하는 자와 함께 울라고 하셔서 나는
그들과 함께 울며 기도했는데, 나에게 왜 이런 일이 닥치는지 생각했
다. 그러다 하나님은 내가 그 아픔의 자리에 있는 것 자체로 기뻐하신
다는 것을 알게 되었다. 내가 겪은 고난이 아파하는 자들에게 위로가
되며, 내가 내민 손이 그들에게 위안이 된다면, 그것이 하나님의 일이
라는 것을 알게 되었다. 그것을 깨닫게 되자, 남편에 대한 증오와 분노
가 사그라지는 것을 느꼈다. 내가 조금씩 남편을 향한 용서의 길로 가
는 것 같았다. 그리고 진심으로 남편과 이별할 수 있었다.

아버지와 매듭풀기

나에게 남겨진 매듭 가운데 하나는 아버지이다. 아버지는 가정적이

지도 않았고, 효자도 아니었다. 아들이 없다는 이유로 할머니는 집에 씨받이를 두셨다. 그것을 우연히 알게 된 나는 아버지에 대한 존경심이 모두 사라졌다.

여자의 적은 여자라는 말이 우리 엄마와 할머니를 보면서 확신하게 되었다. 아들을 낳지 못한다고 엄마를 원망하고 구박하고, 엄마는 그것을 고스란히 딸들에게 풀었다. 엄마에게선 아버지에 대한 좋은 말을 하나도 듣지 못했다. 그래서 아버지에 대한 인상이 좋지 않아서, 나중에 신앙을 가질 때, 하나님 아버지를 만나기가 너무 어려웠다. 또 아버지는 아버지가 원하는 대학에 가지 않았다고 나를 끌고 내려와서 머리를 몽땅 깎아버리는 수모를 주었다. 나는 아버지께 진심으로 순종할 수 없었다. 그러니 하나님 아버지께 순종하는 것도 쉽지 않았다.

하나님 아버지를 만나기 위해서는 육신의 아버지의 모습이 너무 중요한데, 우리 아버지의 부정적인 모습으로 인해 나는 하나님 아버지를 만나기가 너무 어려웠다. 남편도 내 눈엔 부정적으로 비친 모습이 많아서 나는 내가 좋은 행동을 많이 해야 하나님이 구원해 주실 것으로 생각했었다. 그래서 지금 나는 잘 안다. 자존감이 낮은 여인들이 왜 하나님을 만나기 어려운지. 그들에게 무엇이 걸림돌이 되어 하나님을 만나지 못하는지.

[3] 우리가 이 직분이 비방을 받지 않게 하려고 무엇에든지 아무에게도

가정을 살리는 *女子*

거리끼지 않게 하고 [4]오직 모든 일에 하나님의 일꾼으로 자천하여 많이 견디는 것과 환난과 궁핍과 고난과 [5]매 맞음과 갇힘과 난동과 수고로움과 자지 못함과 먹지 못함 가운데서도 [6]깨끗함과 지식과 오래 참음과 자비함과 성령의 감화와 거짓이 없는 사랑과 [7]진리의 말씀과 하나님의 능력으로 의의 무기를 좌우에 가지고 [8]영광과 욕됨으로 그러했으며 악한 이름과 아름다운 이름으로 그러했느니라 우리는 속이는 자 같으나 참되고 [9]무명한 자 같으나 유명한 자요 죽은 자 같으나 보라 우리가 살아 있고 징계를 받는 자 같으나 죽임을 당하지 아니하고 [10]근심하는 자 같으나 항상 기뻐하고 가난한 자 같으나 많은 사람을 부요하게 하고 아무 것도 없는 자 같으나 모든 것을 가진 자로다
(고후 6:3-10)

가족을 힘들게 했던 아버지, 나는 그런 아버지를 지구촌교회가 처음 생겼을 때 아버지를 초청했다. 다행히 거부감 없이 교회에 오셨던 아버지는 전도폭발 담당목사님의 복음제시를 통해 예수님을 영접했다. 그리고 성경통독도 하시면서 믿음을 키워가셨다. 아버지는 많이 변화되었다. 아버지에게 고맙다고 사랑한다는 말도 듣게 되었다. 아버지는 엄마와 함께 "사랑의 순례"라는 부부 회복프로그램을 통해 더 많이 회복되었다. 그 후에 아버진 후두암이 발견되었다.

아버지는 후두암 수술 후에 목소리가 나오지 않아서 글로 소통해야

했다. 암 수술 후에 집에서 간병하는 것이 힘들어지면서 아버지는 호스피스 병원에 입원하게 되었다. 아버지가 그렇게 누워계시는 데도 나는 병원과 상담실 거리가 멀다는 이유로 자주 가지 않았다. 동생들은 오늘도 아버지는 TV에 나온 프로그램을 보면서 언니 얘기만 하시고, 언니 칭찬만 한다면서 아버지가 언니를 기다리는 것 같다고 했다. 그래도 나는 앙금이 남아 있었나 보다. 아버지는 자꾸 나에게 화해의 손짓을 하는데, 나는 모르는 척 한 것이다.

그러던 어느 날 병원을 가보니 간병인도 없이 아버지 혼자 누워계셨

가정을 살리는 女子

다. 그런 아버지를 보니 마음이 아파서 눈물만 흘리고 있는데, 주무시다가 깨신 아버지와 눈이 마주쳤다. 목소리가 잘 나오지 않았던 아버지는 신음소리로 "왔느냐" 하셨다. 그리고 종이에 "잘난 내 딸, 사랑한다"라고 쓰셨다. 그때 나도 무너졌던 것 같다. 나도 아버지께 사랑한다고 말했다. 아버지와 오랜 세월 묶여있던 매듭이 풀렸다.

아버지는 동생들에게 종종 언니가 제대로 연애도 못해보고 이상한 사람이랑 결혼해서 고생했으니, 너희들이 책임지고 언니 짝을 찾아주라고 했다고 한다. 아버지를 가장 많이 닮아서 아버지는 내게 거는 기대가 더욱 컸고, 그래서 실망도 컸던 것 같다. 그래서 더 나에게 엄하게 하셨던 것이다. 사랑해서 그랬던 것이다. 사위와 행복하게 살지 못하고 맞고 지내는 딸이 불쌍했다는 것을, 그게 아버지 한이었다는 것을 나는 그 모든 매듭이 풀리고야 알게 되었다.

암 수술을 하고, 치료를 받았지만, 아버지도 이 땅을 떠나셨다. 남편이 이 땅을 떠난 뒤 꼭 일 년 뒤에. 남편과 아버지를 보내면서 나는 더 하나님과 가까워졌다. 하나님과 나 사이에 막혔던 담을 헐어버린 느낌이었다.

이제 아버지는 천국에 계신다. 그리고 나를 바라보시며 기뻐하실 것이다. 지금 이런 내 모습을 살아 계신 아버지께 보여드리면 더욱 좋겠지만, 그래도 그때 그렇게 서로의 마음에 묶인 매듭을 풀고 이 땅에서 작별을 고해 내 마음이 평안하다.

엄마와 매듭풀기

나는 엄마와도 좋은 관계를 맺지 못했다. 엄마는 여자로서 대접받지 못해서인지 딸에게 엄격하셨다. 남자에 대한 부정정인 시각을 심어주는 대도 한 몫 하셨다. 아버지와 살면서 남자에 대한 신뢰도 없는데, 엄마가 엄격하게 하시니 더 답답했다. 또한 엄마처럼 살고 깊지 않았다. 한 인격으로 존중받으며 살고 싶었다.

가정을 살리는 女子

갤러리가 부도난 후에 부모님 집이 채권에 넘어갔다. 그래서 엄마는 바로 아래 동생 집에서 살게 되었다. 엄마는 나에게 온갖 비난을 퍼부었다. 내 잘못으로 생긴 상황이기에 나는 엄마의 불평을 고스란히 받아들였다. 그렇게 참으며 지내는데, 술을 마시고 온 친척 때문에 참았던 게 폭발해 버렸다. 고스란히 엄마에게 말이다.

"엄마. 왜 내가 술 취해서 온 사람에게 밥을 차려줘야 해. 나도 지금까지 힘들게 일하고 온 사람이야. 왜 나에게 함부로 하는데. 나 하나님의 사람이야. 그래서 엄마가 나에게 함부로 하면 하나님이 슬퍼서!"

"어이구, 지렁이도 밟으면 꿈틀한다더니 네가 그렇구나. 살림도 망하고 엎혀살면서 그럼 늙은 나보고 하라는 거냐?"

그날은 전쟁이었다. 영적으로 육적으로 양보할 수 없는 날이었다.

경매로 넘어가는 부모님 집을 동생들이 재경매를 해서 다시 찾게 되었다. 그래서 부모님은 다시 그 집으로 들어가시고, 나는 안산으로 이사를 가게 되었다. 이사를 나오는데, 살림살이가 하나도 없으니 엄마는 안쓰러워하셨다. 그래서 하나씩 챙겨주시는데, 그때 그래도 엄마밖에 없다는 생각을 했다. 그래서 지금은 엄마 생신이나 가족 행사가 있으면 기쁘게 참여한다. 그리고 엄마가 병나지 않고 건강하게 권사로, 중보기도 자리에서 섬기는 교회 최고의 전도자로 생명을 구원하는 일을 하고 있는 친정엄마를 존경한다. 엄마 딸이라는 것을 감사하며 살고 있다.

그렇게. 사는 거

나비가 되기 전에 그 번데기는 마치 죽어서

말라버린 잎사귀처럼 삭막하게 붙어있다

그러나 필요한 시간이 지나고 때가되면

바스락 거리며 비밀스런 생명 꿈틀댄다

그리고 아름다운 나비 되어 창공을 향해

날아오른다. 신비롭지 않은가 이 생명의 비밀

죽어야만 새롭게 다시 살아나는 역설의 진리

나와 너도 지금은 죽은 자 같으나

그날에 다시 그렇게 날아오르리

부활과 재림의 날개 퍼덕이며

저 하늘을 살리, 저 나비들처럼.

요한계시록 11장 나눔 중에.

동생들과 매듭풀기

이제 남은 것은 동생과 묶인 매듭이다.

나는 어릴 때부터 동생들을 돌봤었다. 아버지가 사업이 부도나고

가정을 살리는 女子

내가 미국으로 가기 전까지 나는 할머니와 함께 살림을 도맡아 했다. 유난히 말썽이 심했던 셋째 동생을 아버지로부터 보호하기 위해 고군분투했다. 그렇게 나는 결혼 전까지 동생들을 보살폈다. 그러나 결혼하고 갤러리 부도 후에 동생들을 지원받게 되었다. 동생들이 바라보는 시선은 곱지마는 않았다. 결혼 전에 내가 동생들에게 한 것보다 갤러리 부도 후에 동생들이 내게 해 준 것이 더 많다는 것이 이유였다.

갤러리 부도 후에 나는 하나님께 매달렸고, 그런 모습이 동생들 보기에는 좋지 않았던 것 같다. 그래서 하루는 동생들이 제안을 했다.

"언니. 우리가 보기에 언니는 갤러리를 운영할 때가 가장 멋져보였어. 그래서 우리가 모아서 인사동에 갤러리를 차려줄게."

"아니. 싫어. 나는 이제부터 내 방식이 아닌 하나님의 방법대로 살거야. 하나님과 그렇게 약속했어. 그래서 지금 나는 마음이 편안하고 행복해."

"언니는 그 모습이 어떻게 행복하다고 하는 거야. 딸도 제대로 간수하지 못하면서 하나님만 믿으면 다야? 정말 한심해!"

그러다 캐나다로 내가 이민을 간다고 하자 동생들은 조카가 불쌍하다면서 돈을 모아주었다. 그런데 나는 그걸 6개월 만에 다 쓰고 빈털터리로 나타나자 동생들의 분노는 이루 말할 수 없었다. 그렇게 동생과의 관계가 무너지면서 나보다는 우선적으로 딸이 이모와 사촌을 만나지 못한 상실감이 컸다. 남편이 죽고 난 후에 친가와의 관계도 끊어져서 딸이 더 외로웠다. 일 년 후에 아버지가 돌아가시자 딸은 외가와도 관계가 끊어질까봐 마음을 졸였다. 그리고 외할아버지 장례식에서 너무나 서럽게 울었다.

아버지 장례 후에 유산을 정리하면서 나는 아무것도 받지 않겠다고 했다.

"나는 아무것도 필요 없어. 아버지가 남기신 것은 언니와 너희들이 잘 분배해서 나눠가져."

"언니는 아무것도 없으면서 왜 그래? 우리야 남편이라도 있으니까 괜찮지만 언니는 아니잖아. 언니 몫은 언니가 가져가."

"아니야. 나는 하나님이 주신 안산 집만 있으면 돼. 하나님이 나의 필요는 챙겨주신다고 약속하셨기 때문에 정말 필요 없어. 가장 힘든 큰언니를 챙겨줘."

내 이런 태도를 통해 동생들은 예전의 내 모습을 보았나보다. 내가 전에 아낌없이 주었던 것을. 그리고 지금 아버지 유산을 진심으로 갖고 싶어 하지 않는 것을 동생들이 알면서 우리 관계의 매듭은 풀렸다.

묶인 것이 풀리면 내려놓음이 쉽다. 나는 이렇게 얽힌 매듭을 하나님의 계획에 따라 풀었고, 이런 경험을 통해 사람을 잡고 의지했던 것을 놓는 연습을 하게 되었다. 사람과 관계도 중요하고, 하나님과의 관계도 동일하게 중요함을 하나님은 알게 하셨다.

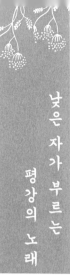

한 영혼, 한 가정을 살리라는 말씀을 처음 받았을 때를 되돌아보니 지금과 많은 차이가 있다. 처음엔 부푼 마음, 설레임, 기대감에 들떠 있었다. 10년이 지난 지금, 나를 이끄신 하나님과 함께 걷는다. 때론 슬프고, 힘들고, 지쳐서 낙망할 때, 넘어졌을 때, 하나님은 내 손을 잡아주셨다.

> 내가 여호와의 명령을 전하노라 여호와께서 내게 이르시되 너는 내 아들이라 오늘 내가 너를 낳았도다(시 2:7).

이 말씀으로 위로받으며 기쁨으로 걸어온 길이다. 날마다 저절로 찬송이 나오는 은혜를 경험하면서 살았다.

> 5또 아들들에게 권하는 것 같이 너희에게 권면하신 말씀도 잊었도다

일렀으되 내 아들아 주의 징계하심을 경히 여기지 말며 그에게 꾸지람을 받을 때에 낙심하지 말라 ⁶주께서 그 사랑하시는 자를 징계하시고 그가 받아들이시는 아들마다 채찍질하심이라 하였으니 ⁷너희가 참음은 징계를 받기 위함이라 하나님이 아들과 같이 너희를 대우하시나니 어찌 아버지가 징계하지 않는 아들이 있으리요 ⁸징계는 다 받는 것이거늘 너희에게 없으면 사생자요 친아들이 아니니라 ⁹또 우리 육신의 아버지가 우리를 징계하여도 공경하였거든 하물며 모든 영의 아버지께 더욱 복종하며 살려 하지 않겠느냐 ¹⁰그들은 잠시 자기의 뜻대로 우리를 징계하였거니와 오직 하나님은 우리의 유익을 위하여 그의 거룩하심에 참여하게 하시느니라(히 12:5-10).

우리가 부르는 찬양 중에 "세상사람 날 부러워 아니하여도"라는 곡이 있다. 이 곡에는 사연이 있다.

어느 날, 영국 왕이 민정을 살피기 위해서 나라 안을 순시하고 있었다. 어느 조그만 동네에 이르렀을 때, 동네 모퉁이에 있는 물레방앗간에서 아름다운 노래가 들려왔다. 그 노래를 듣고 왕은 발걸음을 멈추고 물레방앗간을 들여다보았더니 한 할머니가 혼자 일을 하면서 부르는 노래였다. 너무 아름다운 노래였기에 왕은 할머니께 부탁했다. 나를 위해서 한번만 더 불러달라고 말이다. 할머니는 왕을 위해 다시 노래를 불렀다.

"세상사람 날 부러워 아니하여도
나도 역시 세상사람 부럽지 않네.
하나님의 은혜를 생각을 할 때
할렐루야 찬송이 저절로 나네."

이 찬송을 듣고 왕은 너무 기뻤다. 그래서 2절도 불러달라고 했다. 그랬더니 할머니가

"이 찬송은 제가 만든 것이라 2절은 없습니다. 1절 뿐입니다."

이때 왕은 어떤 생각이 떠올랐다.

"그럼 할머니, 제가 2절을 만들어서 부르겠습니다. 내가 2절은 지을 테니 앞으론 2절도 꼭 부르세요."

이렇게 말하며 즉석에서 2절을 만들어 주었다.

"세상 사람 날 부러워 아니하여도 영국 나라 임금님이 날 부러워 해. 십자가의 사랑을 생각할 때에 할렐루야 찬송이 저절로 나네."

그 노래를 들은 할머니는 "당신이 누군지는 모르지만 배포는 편한 듯하오!"라며 함께 웃었다고 한다.

평안을 진심으로 경험한 사람은 타인에게 있는 평안을 알 수 있을 것이다. 내 인생의 길이 험할 때, 악인이 기뻐할 일이 생길 때마다 나는 찬송을 부른다. 찬송을 부르면 내 안에 계신 주님 안에서 나는 온전한 평안을 누린다. 또한 모든 지각에 뛰어나신 평강의 하나님이 나를

지키시는 것을 경험한다. 낮은 자가 부르는 평강의 노래, 이 책을 읽는
독자도 함께 부르기를 원한다.

해같이 빛나리

김석균

당신의 그 섬김이 천국에서 해같이 빛나리

당신의 그 겸손이 천국에서 해같이 빛나리

당신의 그 믿음이 천국에서 해같이 빛나리

당신의 그 충성이 천국에서 해같이 빛나리

주님이 기억하시면 족하리 예수님 사랑으로 가득한 모습

천사도 흠모하는 아름다운 그 모습 천국에서 해같이 빛나리

당신의 그 순종이 천국에서 해같이 빛나리

당신의 그 사랑이 천국에서 해같이 빛나리

당신의 그 찬송이 천국에서 해같이 빛나리

당신의 그 헌신이 천국에서 해같이 빛나리

주님이 기억하시면 족하리 불타는 사명으로 가득찬 모습

천사도 흠모하는 아름다운 그 모습 천국에서 해같이 빛나리.

나를 이끄시는 하나님의 손길

약한 나를 강하게 형통케 하는 자로 세우시고

상담의 '상'자도 모르던 나에게 하나님은 많은 일을 하게 했다. 그 중에 하나가 "한국가정사역협회장"직이다. 내가 한국가정사역협회의 회장으로 선출되던 날은 많은 눈이 왔다. 그래서 회의 참석에 늦어지게 되었다. 그래서 협회로 전화를 해서 불참의사를 밝혔다. 그런데 이미 협회에서는 회장 선출을 진행했는데, 만장일치로 내가 회장에 선출된 것이다. 그러니 늦더라도 오라는 것이었다. 순간 멍해졌다. 나는 회장이 될 자격이 없는 사람인데, 어찌 이런 중대한 직책을 주는지 어리둥절했다. 하지만 이것 또한 지금까지 삶을 인도하신 하나님의 인도하심이라는 마음의 감동이 일었다.

그래서 순종함으로 회장직을 수락했다. 한국가정사역협회장이 되고 보니 협회를 모르는 사람이 많았다. 그래서 제 기능을 하지 못하고 있었다. 그게 안타까워서 알릴 수 있는 방법에 대해서 기도했다. 기도

중에 떠오른 생각은 가정사역컨퍼런스는 여는 것이었다. 동역자들에게 컨퍼런스에 대한 건의를 했더니 선뜻 동의하지 않았다. 하지만 나는 하나님의 인도하심을 믿고 이 일을 추진했다. 많은 사람의 염려와 불안에도 제1회 가정사역컨퍼런스는 성공적이었다. 이 컨퍼런스를 통해 많은 사람이 함께 할 수 있는 기관으로 세우는 원동력이 되었다. 지금까지 제4회 가정사역컨퍼런스가 열렸고, 제5회 가정사역컨퍼런스에서는 『사랑의 다섯 가지 언어』의 저자 게리 체프먼을 강사로 초청할 계획이다. 또한 미국가정사역협회 회장 부부(부부멘토링, 가정사역 리더십)

　　　　　　　　　　　　　　　　가정을 살리는 *女子*

를 통한 강의도 준비 중이다.

한국가정사역협회장으로 3년 동안 있으면서 한국가정사역협회를 사단법인으로 만들기 위한 일을 하고 있다. 연약한 기관들이 어렵게 사역하면서 힘들어하는 모습을 보고 돕고 싶은 마음에 기도를 하니 협회를 법인화해서 도우면 되겠다는 감동이 되었다. 그래서 서로 돕고 사역을 하기 위한 법인화를 추진한 것이다. 이 일이 마무리되면 인도하신 하나님께 감사하며 회장직에서 물러날 수 있을 것이다.

하나님은 또 나를 코스타 강사로 세우셨다. 한국 코스타에서는 정해진 상담실에서 매일 찾아오는 학생들을 상담하였다. 그런데 2012년 호주에서 코스타가 개최된다는 소식과 함께 강사로 추천을 받았다.

"회장님. 호주에서 KOSTA가 개최된다는데 회장님도 강사로 나가 보시죠?"

"에이, 제가 감히 그 자리에 어떻게 서요. 저는 꿈도 꾸지 않아요."

코스타 강사는 자비량 사역이라 나에게 강의보다 여비가 더 큰 걱정이었다. 그래서 생각도 하지 않고 있는데, 본부에서 두 개의 강의를 해달라는 요청을 받았다. 감사와 두려움, 기쁨과 염려가 공존했다. 그러나 믿음으로 수락하고 비행기 티켓을 준비했다. 다른 강사들과는 달리 나는 날짜가 임박해서 강사로 정해졌기에 비행기 티켓을 급작스럽게 구해야 했다. 감사하게도 한 자리가 남았었고, 저렴한 가격으로 구입할 수 있었다. 코스타 강의로 상담소를 비워야 했기에 그 일을 정리하느라 분주하긴 했지만 하나님께서 보내신다는 확신으로 호주로 갔다.

지상 낙원의 현실

호주에 가서 본 현실은 새로운 사역에 대한 비전을 품게 하는 계기가 되었다. 워킹 홀리데이 비자(Working Holiday Visa)로 호주에 온 학생들은 비싼 생활비로 인해서 동거와 성매매가 자연스럽게 이루어지고 있는 상황이었다. 그렇지 않으면 농장에서 일주일 동안 일하고 받은 주급을 주말에는 도박으로 탕진하였다. 빈곤하며 비전없는 생활을 하고 있었다. 그 아이들을 상담하면서 마음이 너무 아팠다. 한 영혼, 한 영혼을 회복시키라고 하신, 우는 자들과 함께 울라고 하신 말씀을 기억하며 이들을 위해 무엇을 해야 할지 생각했다.

코스타 강의 후에 초청한 교회를 방문해서 이 두 가지 문제를 가지고 나누었다. 하나님이 어떻게 우리의 자아가 회복되기를 원하시는지, 사람들과 관계에서 어떻게 의사소통을 해야 하는지 말이다.

새로운 꿈 그리고 결단

한국으로 돌아오는 비행기 안에서 가만히 눈을 감았다. 이 모든 일정 가운데 함께 하신 하나님께 기도드리기 위해서였다. 조용히 눈을 감고 기도하는 데 마음에 깊은 곳에서 내게 이런 질문이 던져졌다.

"혜련아. 네가 호주에 있는 아이들에게 와주면 안 되겠니? 혜련아. 네가 저 젊은 아이들에게 와주면 안 되겠니? 혜련아, 네가 호주에 와서 저 아이들을 안아주면 안 되겠니?"

거듭 이런 질문이 다가왔다. 너무 쟁쟁한 그 질문에 나는 단호히 대답했다.

"아멘! 오겠습니다!"

한국으로 돌아와서 인터넷으로 호주의 상황을 알아보았다. 그러던 중에 "Vision House"야 말로 호주를 위해 필요한 곳이라는 생각이 들었다. 만약 호주에서 사역을 한다면 나는 그 사역을 해야겠다고 마음 먹었다. 그곳을 위해서 집중적으로 기도했다. 워킹홀리데이 비자로 호주에 온 아이들을 위해서 기도하는 곳인 비전 하우스는 이름 없이, 빛도 없이 그저 그곳에서 찾아오는 아이들을 위해 기도하는 것을 사명으로 해야 하는 곳이다.

가정을 살리는 *女子*

상담소를 처음 시작하면서 먹고 마시는 문제에 대한 염려를 이미 극복하였기 때문에 그런 것은 염려되지 않는다. 하나님이 나를 호주에 보내시는 날 나는 두려움 없이 갈 것이다. 계획 하셨다면 성취하시는 이도 하나님이시기에 염려가 없다. 다만 사랑하는 딸이 마음에 걸리지만, 이것도 하나님께서 내려놓게 하시고, 인도하실 것이다.

돕는 글

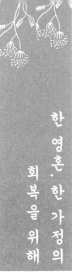

세상이 줄 수도, 알 수도 없는 평안

세상이 주는 지침서는 경각심을 줄 순 있지만, 궁극적인 대안을 줄 수 없다. 그렇다면 사랑하는 자에게 하나님이 주시는 교훈은 무엇이 있을까? 상담학으로 박사 학위를 받으며 모든 지식으로는 해답을 줄 수 없으나 오직 성경에는 모든 답이 있음을 절실히 깨달았고 지금도 성경적 상담을 통해 한영혼을 돕고 있다

하나님이 주신 복

여호와께서 자기 백성에게 힘을 주심이여 여호와께서 자기 백성에게
평강의 복을 주시리로다(시 29:11).

큰 평안의 복

주의 법을 사랑하는 자에게는 큰 평안이 있으니 저희에게 장애물이

없으리이다(시 119:165).

온전한 평안

주께서 심지가 견고한 자를 평강에 평강으로 지키시리니 이는 그가

주를 의뢰함이니이다(사 26:3).

강 같은 평안

슬프다 네가 나의 명령을 듣지 아니하였도다 만일 들었더면 네 평강

이 강과 같았겠고 네 의가 바다 물결 같았을 것이며(사 48:18).

그리스도의 평안

평안을 너희에게 끼치노니 곧 나의 평안을 너희에게 주노라 내가 너

희에게 주는 것은 세상이 주는 것같지 아니하니라 너희는 마음에 근

심도 말고 두려워하지도 말라(요 14:27).

모든 지각에 뛰어난 평안

그리하면 모든 지각에 뛰어난 하나님의 평강이 그리스도 예수 안에

서 너희 마음과 생각을 지키시리라(빌 4:7).

또 여호와를 기뻐하라 저가 네 마음의 소원을 이루어 주시리로다 너

의 길을 여호와께 맡기라 저를 의지하면 저가 이루시고 네 의를 빛같

이 나타내시며 네 공의를 정오의 빛같이 하시리로다(시 37:4-6).

주 안에서 누리는 평강

너희가 나를 택한 것이 아니요 내가 너희를 택하여 세웠나니 이는 너

희로 가서 열매를 맺게 하고 또 너희 열매가 항상 있게 하여 내 이름

으로 아버지께 무엇을 구하든지 다 받게 하려 함이라 내가 이것을 너

희에게 명함은 너희로 서로 사랑하게 하려 함이라(요 15:16-17).

"내가 이것을 너희에게 명함은 너희로 서로 사랑하게 하려 함이라"
는 이 말씀은 주님이 내 안에, 내가 주님 안에 있는 긴밀한 관계를 의미
한다. 이 말은 예수님과 내가 생명의 관계가 맺어지는 것을 의미한다.
그러한 관계 안에는 평강이 있다. 그렇다면 주님 안에서 누리는 평강
은 무엇을 말하는가? 참된 평강은 주님과 바른 관계는 맺은 자녀에게
베푸시는 하나님의 선물이다.

내가 바라는 것은 참된 평강을 소유한 주의 자녀들이 하나님의 약속
이 이루어 질 것을 소망하며 주어진 일이 충실한 주의 자녀가 되는 것
이다.

라브리(L`ABRI)에서 진행하는 내적 치유는 객관적인 구속사를 이끌
어가면서 동시에 개인적인 구속사, 주관적인 구속사를 이끌어 가는 주

님의 손길을 다루고 있다. 그러므로 내적 치유에 대한 더 깊은 이해를 원한다면 '내적 치유'에 대한 의미와 '구속사'에 대한 의미를 이해하는 은혜가 먼저 임하길 기도해야 한다.

상처가 치유 되지 않으면 찌른다

사람에겐 상처가 있다. 외적, 내적인 상처를 가지고 살아간다. 겉과 속으로 상처를 받으며 살아가고, 또 상처를 주는 가해자로 살아간다. 이렇게 상처를 주고받는 것은 사람이라면 피할 수 없는 일이다. 왜냐하면 사람은 사회적인 동물이기 때문이다.

이러한 상처 가운데 어릴 적에 받은 상처가 있는가 하면, 청소년기 선생님이나 친구들 그리고 선후배를 통해 그리고 성장하여 사회에서 만나는 동료들 그리고 결혼 후에 뒤틀려진 부부관계로 인해 생기는 상처도 있다. 어린 시절에 받은 상처는 가정폭력, 성폭력으로 생기기도 하고, 편애, 가난, 신체적 열등감, 버림받음, 아동 학대, 신체적 장애, 정신적 장애로 받은 상처가 많이 있다.

이러한 상처는 여러 가지 다양한 증상으로 나타난다. 영적인 억눌림, 낮은 자화상, 분노, 허무주의, 성인아동, 자폐증, 강박증, 정신산만, 냉소주의, 죄책감, 수치심, 자기 방어, 합리화, 얽매임, 자기비하, 자기무시, 완벽주의, 불신감, 의심, 우울증, 불안, 신경쇠약, 복수심, 자기비

애, 공포, 두려움, 원한, 자멸적 행동방식, 열등의식, 우월의식, 교만, 피해의식, 자포자기, 책임전가, 무기력증, 소외감, 과대망상증, 의존증, 질투, 체념, 일 중독 등의 증상으로 나타난다.

상처의 유무는 중요하지 않다. 중요한 것은 사람이라면 있는 이 상처에 대해 어떻게 반응하느냐이다. 상처를 극복한다면 더 성숙한 사람이 되기도 하고, 그렇지 못하다면 상처의 노예가 되어 많은 시간을 허비하며 고통스럽게 살기도 한다.

그래서 상처는 치유되어야 한다. 치유에는 육신의 치유, 영의 치유, 감정의 치유, 잃어버린 기억의 치유, 상실한 꿈의 치유, 귀신들림의 치유가 있다. 육신의 치유는 신체적으로 질병을 앓는 것에 대한 치유이다. 한센병자나 청각장애를 가진 사람을 고쳐주신 것은 육신에 대한 치유이다. 중풍병자를 고치시고 "죄 사함을 받았다"라고 말씀하시면서 고쳐주신 것은 영적인 치유였다. 이러한 치유 외에도 정신병자, 악한 영의 공격으로 인하여 얻은 질병을 치유하는 귀신들림의 치유도 있고, 내면의 상처를 치유하는 내적 치유라는 것도 있다.

그렇다면 이 내적 치유라는 것을 무엇을 의미할까? 그것은 외부로 나타나는 외상이 아니라 내면에 숨겨진 상처를 치유한다는 의미이다. 이렇게 숨겨진 상처는 외상과는 달리 눈에 보이지 않는다. 그래서 무시되고, 치료가 필요하다고 생각하지 않는다. 그래서 정작 상처를 가지고 있는 본인도 그렇게 깊은 상처를 가지고 있는지 잘 모른다. 겉으

로 드러나는 상처는 열심히 치료하지만 내면의 상처는 알지도 못하고, 그래서 치유는 생각지도 못한다.

그러나 이 내면의 상처를 방치하면 성격, 인간관계, 인격, 믿음의 생활에 관한 모든 것에 부정적이며 파괴적인 영향을 주고 있다는 것은 알지 못한다. 이런 내면적 상처에 대한 예는 많이 있다. 예를 들어, "당신은 키가 너무 작아"라고 말하면 그 말을 듣는 사람들의 반응은 각각 다를 것이다. "아담하고 좋은데요", "작은 것이 더 아름답지요", "별로 불편함이 없어요"라고 반응할 것이다.

하지만 어떤 사람은 화를 벌컥 내면서 "제 키가 작아서 불만 있습니까?"라고 반응하는 사람도 있을 것이다. 이 사람은 키가 작은 것에 대한 마음의 상처가 깊은 사람이기 때문에 예민하게 반응하는 것이다. 이러한 상처는 평소에는 잘 드러나지 않지만 '불시에' 나타나서 그 사람을 괴롭힌다.

숨겨진 상처, 보이지 않은 상처를 치유하는 것을 내적 치유라고 말한다. 마음속 깊이 보이지 않은 곳에 자리잡은 감정의 상처를 근본적으로 치유해야 한다. 이것의 출발이 전인격적인 치유를 의미한다.

내적 치유로 회복되다

내적 치유에서는 가정의 문제를 다룰 때에 어떤 상처를 가장 먼저 치유해야 하는지 살펴본다. 문제를 일으키고 있는 원인이 되는 것, 진정으로 해결해야 할 근본적인 상처가 자리 잡고 있지는 않은지 살펴본다. 이것은 곧 형상(본질) 치유라고 보면 이해가 잘 될 것이다.

치유 받지 못한 상처

성경에 등장하는 인물 가운데 치유받지 못한 상처의 주인공들이 나온다. 사울 왕, 헤롯 왕, 가룟 유다가 그 예이다. 상처는 반드시 치유가 필요하다. 우리 몸이 아플 때, 치료가 필요한 것처럼 내적으로 감정에 남아 있는 상처를 치유해야 한다. 이것이 치유되지 못하고 간과되면 다른 사람에게 상처를 입히는 가해자가 될 수 있다. 또한 사탄은 이것을 이용해서 건강한 인간관계를 가지지 못하게 하고, 그 상처에 노예가 되어 살게 만들기도 한다.

사례 1

예쁘고 참해 보이는 중년부인이 상담을 하러 왔다. 그 여인의 주된 이야기는 20세 된 아들이 교통사고로 죽은 후에 지금까지 그 무덤에 찾아가서 아들과 대화하는 것으로 시간을 보냈다고 했다. 그 부인은 살아 있는 남편, 다른 자녀는 염두하지 않고, 죽은 사람만을 바라보며 자신의 귀한 인생을 소비하였다. 사탄은 아들을 잃은 상처에 그 부인을 가두었다. 그래서 삶의 모든 즐거움과 풍요를 잃어버리고 일생을 슬픔 속에서 살았다. 상처에 얽매여서 다른 것을 바라보지 못하도록 한 것이다.

> ¹믿음은 바라는 것들의 실상이요 보이지 않는 것들의 증거니 ²선진들이 이로써 증거를 얻었느니라(히 11:1-2).

보이지 않는 것을 보지 않고 믿는 것이 바로 믿음이다. 이 믿음의 대상인 하나님은 상처를 통해 새로운 세계, 새로운 은혜를 바라보게 한다. 그래서 새로운 출발이 되도록 한다. 예수님은 상처받은 자들에게 "나는 길이요 생명"이라고 말씀하신다. 다시 회복할 수 있는 길을 보여주시고, 소망을 갖게 하신다. 하지만 사탄은 이것이 '끝'이라고 말하며 그 상처로부터 헤어날 수 없도록 만든다.

이렇게 사탄은 감정의 충격을 받고 해결하지 못하는 사람들을 찾아가서 그 상처에 얽매이게 만든다. 그래서 일생을 슬픔과 고통, 상처, 저주, 분노 가운데 살게 한다. 이렇게 치유 받지 못한 상처는 모든 생활을 파괴한다. 그래서 예수님께 나아와 모든 것을 내려놓고 긍휼로 베푸시는 치유가 필요하다. 그렇지 않으면 사탄은 사람의 내면의 상처를 교묘하게 이용하여 자신의 나라를 확장해 나갈 것이다.

이렇게 사단은 감정의 충격을 받고 해결하지 못하는 사람들을 찾아가서 그 상처에 얽매이어 묶이게 한다. 그리고 일생을 슬픔과 고통, 상처, 저주, 분노 가운데 살게 한다. 이렇게 치유 받지 못한 상처는 모든 생활에서 파괴적인 요소로 작용한다.

영원한 주치의: 예수 그리스도

[1]너희는 마음에 근심하지 말라 하나님을 믿으니 또 나를 믿으라 [2]내 아버지 집에 거할 곳이 많도다 그렇지 않으면 너희에게 일렀으리라 내가 너희를 위하여 처소를 예비하러 가노니 [3]가서 너희를 위하여 처소를 예비하면 내가 다시 와서 너희를 내게로 영접하여 나 있는 곳에 너희도 있게 하리라(요 14:1-3).

예수님은 우리의 상처를 아시고 분별하시며, 진단하신다. 중풍병자에게 "네가 죄 사함을 받았다"라고 말씀하신 것은 그 병자가 영적인 죄로 인해 중풍이 생겼음을 아셨기 때문이다. 혈루증에 걸린 여인을 치유할 때도 그 여인의 내면에 남아 있는 정신적인 공포, 두려움을 먼저 치유하시길 원하셨다. 삭개오를 치유하실 때도 인격적인 만남을 통해 자화상이 낮은 삭개오를 치유하셨다. 이렇게 예수님은 우리의 질병을 통전적으로 바라보시고, 근본적인 치유를 베푸시는 주치의가 되신다.

예수님이 병을 고쳐주시는 목적은 '평강과 거룩함'을 주시기 위함이다. 예수님은 질병과 상처로부터 자유와 해방을 주시면서 평강(샬롬)이라는 선물을 주신다. 그래서 가장 건강한 상태에서 하나님과 이웃과 평강을 누리도록 하신다.

하나님과 이웃과 평강한 상태가 아니라면 그는 건강한 사람이 아니다. 그래서 구약성경에서는 '샬롬'이 건강과 가장 가까운 말로 표현되고 있다.

병원에서 여러 가지 검사를 통해 모든 것이 수치상 정상으로 나타났다고 해도, 그 사람이 하나님을 모른다면 이웃과 평강을 누리지 못한다면 그 사람은 건강한 사람이 아니다. 우리는 하나님의 형상으로 회복되어 이웃과 평강을 누림이 필요하다.

예수님은 우리가 어떤 질병을 가지고 있는지 아신다. 그 질병이 어디서 비롯된 병인지 알고 계신다. 또한 우리의 질병을 고치는 가장 큰 능력은 사랑이며, 눈물이다. 예수님의 눈물은 우리를 향한 가장 큰 치료제가 된다. 그 눈물로 우리가 구원을 받았고, 생명을 얻었고, 치유를 얻었다. 또한 예수님이 우리의 병을 고쳐주시는 가장 큰 동기는 사랑이다. 사랑하기 때문에 병을 고쳐주시고, 사랑하기 때문에 모든 저주와 질병을 친히 감당하셨다.

예수님이 우리를 물로 씻어 깨끗하게 하시고, 거룩하게 하셨다. 예수님 앞에서 영광스러운 교회로 세우셔서 흠이나 티나 주름 잡힌 것이 없게 하셨다. 그래서 거룩한 예배자, 거룩한 존재로 회복시켜서 거룩한 삶, 성경할 삶, 구별된 삶을 살 수 있도록 하였다. 그러므로 예수님 앞으로 담대하게 나아가야 한다.

> 두려워하지 말라 내가 너와 함께 함이라 놀라지 말라 나는 네 하느님이 됨이라 내가 너를 굳세게 하리라 참으로 너를 도와주리라 참으로 나의 의로운 오른손으로 너를 붙들리라(사 41:10).
>
> 복 있는 사람은 악인들의 꾀를 따르지 아니하며 죄인들의 길에 서지 아니하며 오만한 자들의 자리에 앉지 아니하고 오직 여호와의 율법을 즐거워하여 그의 율법을 주야로 묵상 하는도다(시 1:1).

무엇보다도 중요한 사실은 예수님이 우리를 치유하실 때, '병든 삶'까지도 근본적으로 치유하여 주신다는 것이다. 세상에서 보이는 병은 치유할 수 있다. 의학이 발달해서 많은 병이 고침을 받고 있다(불치병도 있지만). 많은 암환자가 생명을 유지하고 있고, 에이즈도 조만간 치유될 것이다.

이렇게 의학이 발달하였지만 우리가 주님의 치유를 간절히 기다리는 이유는 우리가 거룩한 예배자로, 거룩한 존재로 서기 위함이다. 우리는 거룩하게 세울 수 있는 치유제는 예수님 밖에 없다. 이 세상 어디에도 '병들고 지친 삶, 악하고 패역한 삶'을 치유하는 약은 없다.

> 너희가 회개하고 돌이켜 너희 죄 없이 함을 받으라 이같이 하면 유쾌
> 하게 되는 날이 주 앞으로부터 이를 것이요(행 3:19).

예수님은 그 음성에 순종하는 자에게 신유의 은사를 주셔서 병들고 찌든 삶, 중독되고 부패한 삶, 음란하고 더러운 삶까지 치유하여 주시기를 원한다. 이 세상에서는 결코 치료할 수 없는 부분까지 주님은 근본적으로 치유하여 주신다.

이러한 치유를 위해서 예수님께서 친히 십자가에서 모든 것을 감당하셨다. 우리의 죄를 위해, 질병을 위해 피 흘려주셨다.

> 나는 치료하는 여호와라(여호와 라파) 하시고(출 15:25-26)
> 나는 치료하는 광선이라(말 4:2)
> 우리의 병을 짊어지신 예수(마 8:16-17).

예수님은 사랑이라는 동기로 우리를 치유하여 주신다. 그래서 온전한, 통전적인 치유를 주신다. 그래서 하나님과 이웃과 평강을 누리도록 인도해 주신다. 이웃에게는 사람을, 하나님께는 예배하는 자로 회복시켜 주신다(하나님 사랑, 이웃 사랑).

하나님이 근본적으로 원하는 것은 자녀들의 행복과 건강, 풍요로운 삶이다. 이러한 삶을 주시기 위해 하나님은 예수님을 통해 온전한 치유의 길을 마련해 주셨다. 그래서 언제든지 상처를 가지고 예수님께 나오면 거기에는 온전한 치유의 길이 있다는 것을 믿어야 한다.

³아무 일에든지 다툼이나 허영으로 하지 말고 오직 겸손한 마음으로 ⁴각각 자기보다 남을 낫게 여기고 각각 자기 일을 돌아볼 뿐더러 또 한 각각 다른 사람들의 일을 돌보아 나의 기쁨을 충만케 하라 ⁵너희 안에 이 마음을 품으라(빌 2:3-5).

오른손이 한 일 은밀히 하라

공동체는 상실을 경험한 사람이 쓰러지지 않도록 하는 버팀목이 될 수 있다. 공동체의 따뜻한 소속감이 기초이며, 서로에게 좋은 대상이 될 수 있다.

> 내가 나를 위하여 그를 이 땅에 심고 긍휼히 여김을 받지 못하였던 자를 긍휼히 여기며 내 백성 아니었던 자에게 향하여 이르기를 너는 내 백성이라 하리니 그들은 이르기를 주는 내 하나님이시라 하리라 하시니라(호 2:23).

친형제, 자매들은 서로 멀리 떨어져 있어도 서로의 내면에는 강력한 연대감이 형성되어 있다. 또한 하나님과 하나님의 백성도 그러하다. 하나님을 알고, 하나님의 나라와 운명을 같이하는 강력한 연대감으로 형성된 공동체인 것이다. 이러한 공동체는 '애도와 우울에 빠져있는 개인'에게 하나님과의 개별적인 만남을 갖도록 도움을 줄 것이다. 공동체에 소속된다는 것은 자기 자신을 버리고 사랑 안에서 다시 태어나는 것을 지향하는 과정이다. 그 과정은 내게만 있는 관심을 타인에게로 돌리는 길이다.

공동체 안에는 상실로 인해 고통당하며 좌절하는 사람들이 있다. 공동체는 이러한 애도자에게 관심을 갖되, 홀로 두는 시간도 필요하며, 그를 결코 포기해서는 안 된다. 적절한 거리를 두고, 조금씩 다가가 편안한 분위기에서 대화하는 것이 큰 도움이 될 것이다. 이러한 섬김 안에서 '안아주는 공동체'의 구성원은 자신의 나약함을 숨기지 않는다. 또한 다른 사람보다 자신이 더 낫다고 여기거나, 억지로 현명하게 보이려고 할 필요가 없다. 단지 서로가 서로에게 받아들여지고 사랑받고 있음을 알면 되는 것이다. 평강과 따뜻함 가운데 오는 샘과 같은 기쁨을 발견할 것이다.

공동체 성찬식

우리는 그리스도의 몸과 실제적으로 하나 될 수 없지만, 그의 삶은 우리의 삶과 융합될 수 있음을 믿는 것이다.

빵과 포도주를 먹고 마심으로 주님의 현존은 우리와 연합된다. 이 믿음과 고백 속에서 빵과 포도주를 매개로 그리스도의 영과 우리의 영

가정을 살리는 *女子*

이 연합되는 신비를 체험하게 된다. 애도자가 빵과 포도주를 먹고 마실 때, 애도자 안에 그리스도, 그리스도가 애도자 안에 살아 있음을 체험한다.

애도자는 성찬을 통해 빵과 포도주를 먹고 마실 때, 그리스도도 애도자를 먹고 마시는 것이다. 애도자 자신의 전부(상실의 주체가 된 사랑하는 대상과의 모든 융합경험을 포함)를 먹고 마심으로 그리스도와 애도자는 하나가 된다. 이런 먹고 마심의 신비는 그리스도와 융합을 다시 고백하게 되며, 상실한 대상과도 하나가 된다.

그리스도를 먹고 마신다는 것은 생명을 먹고 마시는 것이다. 애도자의 시든 생명력은 예수님으로 말미암아 영혼과 세포에 생명의 물줄기가 다시 흐르는 생명의 축제가 될 수 있다. 성찬식은 그리스도와의 연합과 일치를 통해 생명의 양식과 음료로 생명의 신비가 되는 식탁이기에 애도자에게 위로와 더불어 상처를 딛고 일어서게 하는 내면화 과정으로 인도한다.

관계적인 기도

관계적인 기도는 내가 가지고 있는 나의 모습을 상대방에게 투사하지 않고, 대상 그 자체로 볼 수 있는 눈을 가질 때 가능하다. 관계적인 기도는 개방적인 자세를 의미한다. 주님을 향한 기도자의 마음이 열려 있고, 주님의 어떤 명령에도 응답할 준비가 되어 있는 상태를 말한다. 관계적인 기도에서는 언제든지 자기주장이나 욕구를 포기할 준비가 되어 있다. 자기 자신에게 솔직한 상태여서 하나님 앞에서도 자기의 의사가 감정을 솔직하게 드러낼 수 있다. 이때는 주님과 원활한 소통이 가능하다.

관계적인 기도는 하나님께 집중하는 것이다. 하나님께 자신의 마음을 개방하고 언제든지 개입하심을 기다리는 자세이다. 애도자는 이러한 관계적인 기도를 참여함으로 하나님께 마음껏 말할 수 있다. 그래서 관계적인 기도는 하나님의 사랑을 만나게 될 것이며, 이런 과정은 변형적 내면화 과정을 촉진시키므로 상실에서 벗어나게 할 것이다. 하나님의 사랑은 우리를 자라게 하고, 우리를 변화시킬 힘을 가지고 있다. 하나님과 깊은 관계를 자길 때, 우리 내적인 변화를 촉진시킬 수 있다. 애도자의 봉인된 자아, 사고되지 않은 앎 속에 있는 모든 불순물을 걸러내고 마침내 새로운 변화를 이루는 데 도움이 될 것이다.

관계중독 프로그램 기도문

모임 시작 기도문

전능하시고 영원하신 주, 우리들의 하나님!

이 회복 모임에 참석한 우리 모두에게

주님의 은총을 내려주시고

회복하려는 마음과 목적을 축복하소서.

주님의 뜻대로 저희 모두가 겸손되이

이 프로그램을 따를 수 있는

인내와 능력을 허락하소서.

어제 있었던 저희들의 잘못된 행위들을 용서하시고

오늘 새로운 삶을 살기 위해 노력하는 저희들에게

용기를 허락하시어

저희 모두가 밝은 내일에 희망을 갖게 하소서.   아멘.

모임 마침 기도문

전능하신 하나님!

저희 모두에게

변화시킬 수 없는 것은 겸허하게 받아들일 수 있도록

평온함을 허락하시고

변화시킬 수 있는 것은 과감하게 변화시킬 수 있도록

용기를 주시고

이를 올바로 식별하는 지혜를 주소서.   아멘.

1단계 기도문

전능하신 하나님!

오늘 저희는 알코올 중독에서 벗어나기 위하여

주님의 도우심을 간절히 청합니다.

지난 날 저희들의 알코올 중독에 대한 부정은

많은 기간 동안 우리가 얼마나 무기력했는지를

또한 얼마나 일상생활을 정상적으로 하지 못했는지를

알지 못하게 만들었습니다.

저희가 불치의 병을 앓고 있다는 사실을 인정하고

단주만이 알코올 중독에 대처하는

유일한 방법이라는 점을 깨닫고 기억하게 하소서. 아멘.

2단계 기도문

좋으신 하나님!

주님의 창조물인 저희 인간의 능력보다

모든 만물을 창조하신

주님의 위대한 능력을 믿을 수 있도록

저희의 마음을 활짝 열어주소서.

저희 모두는 마음이 겸손해지고

주님을 향한 믿음이 더욱 성장되기를

가정을 살리는 *女子*

간절히 기도드립니다.

이제 더 이상 술로 인해 미치광이가 되고 싶지 않은

저희들의 마음을 기억해 주소서. 아멘.

3단계 기도문

전능하신 하나님!

창조하신 본래 모습대로 저희들을 회복시켜 주시고

저희에게 역사하시도록

저희 자신과 모든 것을 주님께 봉헌합니다.

주님,

저희가 주님의 뜻을 잘 이행할 수 있도록

저희 자신을 알코올 중독에서 해방시켜 주소서.

저희의 도움을 필요로 하는 사람들에게

주님의 권능과 사랑을 증거하며

충실히 단주 생활을 할 수 있도록 굳센 의지를 주시어

당신의 뜻에 합당한 생활을 할 수 있게 도와주소서. 아멘.

4단계 기도문

전능하신 하나님!

지난 날 저희들을 알코올 중독자로 만들어

삶을 엉망진창으로 만들었던 사람은

다른 사람이 아니라

바로 저희 자신이었음을 깨닫게 하소서.

주님,

저희 스스로의 능력만으로는

알코올 중독에서 회복될 수 없다는 사실을

인정하게 하소서.

알코올 중독으로 인한 과오는

저희들의 잘못이므로

잘못된 점과 좋은 점들을

철저히 숨김없이 기록하게 해주시고

도덕적 재고 조사를 두려움 없이 성찰하게 하소서. 아멘.

5단계 기도문

좋으신 하나님 아버지!

우리는 도덕적인 성찰을 통하여

이제 저희 자신들이 어떠한 사람들인지를

잘 깨달았습니다.

저희의 진정한 성찰 없이는

알코올 중독에서의 회복이 불가능하오니

가정을 살리는 *女子*

알코올 중독으로 인한 모든 잘못을

하나님과 제 자신과 또 이웃에게

솔직하고 정직하게 인정할 수 있도록

저희에게 힘과 용기를 주소서. 아멘.

6단계 기도문

전능하신 하나님!

저희는 이제야 저희 성격의 약점들이

알코올 중독에서 벗어나는 데

장애물이 되고 있음을 깨달았습니다.

이러한 장애물을 제거하기 위해

주님의 도움을 청할 준비를 갖추게 하시고

저희 스스로 계속 정직해질 수 있도록 도와주시며

저희가 영적이고 정신적으로 건강해지도록 도와주소서. 아멘.

7단계 기도문

모든 만물을 창조하신 하나님 아버지!

주님께서는 저희들의 좋고 나쁜 모든 것을

다 알고 계십니다.

주님과 세상 사람들에게 피해를 주었던

저희의 성격 결함들을

주님께서 없애주시기를 간절히 기도드립니다.

이제부터는 주님의 뜻대로 올바로 살아갈 수 있도록

저희에게 은총을 내려주소서. 아멘.

8단계 기도문

전능하신 하나님!

저희가 알코올 중독으로 인해 상처를 주었던

모든 사람의 명단을 작성할 수 있도록 도와주소서.

저희가 지난 날 잘못한 모든 행위에 대하여

보상할 수 있는 굳센 의지와 마음을 갖게 하소서.

주님께서 저희의 잘못을 용서해 주심과 같이

또한 다른 이웃들도 저희들을 용서해주도록

자비를 허락하소서. 아멘.

9단계 기도문

좋으신 하나님!

알코올 중독으로부터의 회복의 여정에서

저희가 술을 마심으로써 다른 사람들에게

상처를 주지 않도록 도와주시며

가정을 살리는 女子

지난날 알코올 중독으로 인해 피해를 주었던

모든 사람들에게

직접적으로 그리고 간접적으로

보상할 수 있는 기회를 내려주소서.

주님, 저희가 더 이상 술을 마시지 않고

맑은 정신으로 다른 사람들을 도우며

영적으로 계속 성장하여

철저히 보상을 할 수 있도록 도와주소서. 아멘.

10단계 기도문

전능하신 하나님!

저희가 지속적으로 회복의 삶을 살게 하여주시고

매순간 잘못이 있을 때마다

저희 자신을 반성하며

저희가 행한 행동에 책임을 지게 하소서.

부정적이고 파괴적인 행동들을 항상 깨닫고

저희의 그릇된 성격들을 계속 성찰하고

항상 하나님의 도우심과 자비를 잊지 않게 하소서.

저희가 항상 몸과 마음을 다해서

하나님과 이웃을 사랑하게 하여주소서. 아멘.

11단계 기도문

전능하신 하나님!

저희가 아집과 이기심 사악한 생각들로부터

자유로워질 수 있도록 도와주소서.

특히 복잡한 세상에서 주님을 찾으며

기도와 명상을 통해

주님과 지속적인 관계를 갖게 해주시고

언제나 주님의 뜻을 깨닫고

올바른 정신과 적극적인 행동을

실천할 수 있는 힘을 허락허소서. 아멘.

12단계 기도문

좋으신 하나님!

저희가 영적 각성을 계속하여

이제는 저희가 받은 모든 은혜를

알코올 중독으로 고통 받는 중독자들과 가족들에게

전할 수 있는 능력을 주시고

기쁘게 봉사하게 하소서.

저희가 매 순간마다

주님과 알코올 중독에서 벗어난 동료들을 필요로 하며

매일 매일의 생활에서

단주 생활을 지속할 수 있도록

지혜와 힘을 주소서. 아멘.

위 내용은 『나는 알코올 중독자』(허근 저, 가톨릭출판사, 2004)에서 발췌하였다.

삶 속에서 죽음과 부활의 경험

죽음은 엄연한 현실이기에 삶은 항상 분리와 이별과 관련이 있다. 죽음으로 사람을 잃는 것뿐만 아니라 삶 속에서도 사랑하는 사람을 보내야 할 때가 있다. 그리고 시간 속에서 자기 자신의 한 부분을 소멸시켜야 한다.

사랑의 시간이 끝에 다다랐을 때, 삶에서 사랑했던 사람을 단념해야 한다. 그렇지 않으면 과거에 매달리게 되고, 이것을 현실을 외면하는 것이다. 그러므로 삶 속에서 죽어서 이런 종류의 죽음을 다루는 법을 배워야 하고, 죽음과 부활 사이를 오가는 법을 배워야 한다. 죽음으로 인해 사랑하는 사람을 상실한 애도자는 자신의 육신의 죽음 이후에 천국에서 만날 것을 믿을 때 상실한 대상에 대한 죽음을 견딜 수 있다. 사랑하는 이와의 분리된 시간이 그저 결핍으로만 느껴지는 것이 아니라 영원한 일치로 나아가는 것이다.

¹주 여호와의 신이 내게 임하였으니 이는 여호와께서 내게 기름을 부으사 가난한 자에게 아름다운 소식을 전하게 하려 하심이라 나를 보내사 마음이 상한 자를 고치며 포로 된 자에게 자유를, 갇힌 자에게 놓임을 전파하며 ²여호와의 은혜의 해와 우리 하나님의 신원의 날을 전파하여 모든 슬픈 자를 위로하되 ³무릇 시온에서 슬퍼하는 자에게 화관을 주어 그 재를 대신하며 희락의 기름으로 그 슬픔을 대신하며 찬송의 옷으로 그 근심을 대신하시고 그들로 의의 나무 곧 여호와의 심으신 바 그 영광을 나타낼 자라 일컬음을 얻게 하려 하심이니라 (사 61:1-3).

²⁴내가 진실로 진실로 너희에게 이르노니 한 알의 밀이 땅에 떨어져 죽지 아니하면 한 알 그대로 있고 죽으면 많은 열매를 맺느니라 ²⁵자기 생명을 사랑하는 자는 잃어버릴 것이요 이 세상에서 자기 생명을 미워하는 자는 영생하도록 보존하리라 ²⁶사람이 나를 섬기려면 나를 따르라 나 있는 곳에 나를 섬기는 자도 거기 있으리니 사람이 나를 섬기면 내 아버지께서 저를 귀히 여기시리라(요 12:24-26).

즐거워하는 자들로 즐거워하고 우는 자들로 함께 울라(롬 12:15).

가정을 살리는 女子

법무부 보호 관찰 성폭력 사범 프로그램진행시 인터뷰 내용

최근 충격적인 성범죄가 연이어 발생하면서 '사형제도' 부활에 물리적 거세까지 성범죄 근절책에 대한 논란이 뜨겁습니다. 이렇게 성범죄가 빈번하게 발생하는 배경에는 우리사회의 일그러진 성문화가 있다는 시각도 있습니다. 그렇다면 성범죄의 근본적인 원인은 무엇인지 조금 다른 관점에서 인터뷰 한 내용을 통해 알아보겠습니다.

1. 안녕하세요. 성문제에 관심을 가지게 되신 특별한 계기가 있습니까?

네. 10년 동안 상담현장에서 부부 문제와 청소년 문제를 상담하다가 부부문제에 있어서 원인 중에 하나가 성이라는 것을 알게 되었고, 청소년들에 빗나간 성지식이 많은 범죄와 갈등을 일으킨다는 것을 알게 된 때부터 입니다.

2. 최근 나주 어린이 성폭행 사건이 또다시 우리 사회에 충격을 주었는데요. 몇 년 전에 있었던 '조두순 사건'과 상당히 닮은 사건이죠? 아동성범죄 원인 중에 하나가 '아동음란물'이라고 하던데?

방송이나 인터넷 등을 통하여 미성년 여부를 막론하고 누구나 접촉이 가까워진 것과 규제할 방법이 없다는 것이죠. 특히 내성적이고 대인관계가 부족한 청소년들이 집에서 무심코 인터넷을 켰다가 보게 되는 여인의 사진을 시간 가는 줄 모르고 보게 되고 무의식에 저장된 이미지들이 음란물에 빠지게 한다고 봅니다. 그렇게 강력하게 저장된 정보들이 현실에 옮겨 보고 싶은 충동으로 나타나는 것입니다.

3. 나주 사건의 충격이 가시기도 전에 만삭의 임신부를 성폭행한 사건까지 알려지면서 많은 국민이 공분하고 있는데요. 성범죄가 갈수록 잔인해지는 것 같아요?

계획한 성범죄보다 무의식에 잠재된 성적 환상이 행동으로 드러나면서 연약한 자를 대상으로 성폭력을 하게 되고 의식으로 돌아와 당혹스러운 감정을 살인으로 연결되는 것이라고 보여집니다.

4. 성범죄의 80% 이상이 '아는 사람'에 의해서 발생하는데요, 심지어 친아버지에 9년간 성폭행을 당했다는 믿기 힘든 사연도 있더라고요. 가해자가 가까운 관계라면 더욱더 본인이 당한 일을 적극적으로 밝

가정을 살리는 女子

히기 힘들 것 같은데요. 이렇게 쉬쉬하다 보니 문제가 더 심각해지는 것은 아닌가 싶어요?

성폭력을 당한 사람들 얘기를 들어보면 "나는 그때 죽었다. 그 사람이 날 죽였다. 나는 지금 살아있는 게 아니다"라고 말합니다. 91년에 있었던 김부남 사건. 92년에 있었던 김보은 김진관 사건을 알고 계시나요? 두 사건 다 모두 어렸을 때부터 성폭행을 당한 사람이 결국은 그 아픔을 잊지 못하고 15년, 20년이 지난 뒤에 그 가해자를 찾아가서 죽인 사건입니다.

이 사건을 보셔도 알겠지만 아동 성폭력이라는 범죄는 한 사람에게, 한 여자에게 인생을 살인과 뒤바꿀 수도 있는 엄청난 고통입니다. 평생을 살면서 절대 잊히지 않는 상처입니다.

5. 한 사람의 인생을 망가뜨릴 정도로 성폭행 후유증은 쉽게 아물기 어렵다는데요. 지금 성문제 상담가로 활동하고 계신데, 성폭행 후유증으로 고통 받는 사례를 실제로 만나보신 적이 있으신가요?

성폭력을 당한 어린 여자 아이는 부끄럽고 죄진 것 같은 감정으로 말하지 않다가, 너무나 힘들고 무서워 청소년 시기가 되어서 또는 결혼 후 살다가 이야기하기도 합니다. 특히 어린아이일수록, 그런 일을 당하고 나면 자기 잘못이라는 생각이 들기 마련입니다. 자신이 나쁜 아이라는 생각을 갖게 되고 그 생각에 갇혀 살게 되는 겁니다,

그리고 어린이들은 부모님께 말했다가 혹시나 가해자가 부모님께 해를 끼치지는 않을까, 나를 죽이지는 않을까 하는 두려움이 크게 다가옵니다. 그래서 그렇게 아무 말도 못하고 근 20년을 넘게 마음에 담아두고 살고 있는 거죠. 그러면서 외관상으로 드러나는 현상은 폭식증이 생기고 우울증, 대인기피증까지 생기게 되는 거죠. 커가면서 증상이 더 심해졌고 아무도 만나지 않고 방에만 있으려고 하며, 문은 꼭 잠가두고, 옷은 답답할 만큼 꼭꼭 싸맨답니다. 성폭력을 당한 피해자는 가해자를 쫓아가서 죽이고 나도 죽어야겠다는 생각을 수없이 많이 했다고 합니다.

6. 이렇게 최근 들어 성범죄로 인한 파장이 커지면서 '사형제 부활'에 '물리적 거세'까지 연일 강경책들이 나오고 있는데, 충분한 대책이 된다고 보시나요?

요즈음 우리나라가 '성폭력, 성추행이 만연된 사회'가 된 원인은 여러 가지를 꼽을 수 있습니다. 전문가들은 한국사회의 마초적 관념을 첫째 이유로 지적합니다. 학교에서나 가정에서 어릴 때부터 '남자는 남자다워야 하고, 여자는 여성스러워야 한다'고 세뇌 받은 결과 성에 대해서도 남자는 공격적이고 지배적이어야 하며, 여자는 수동적이고 종속적이어야 하는 것으로 인식하게 만든다는 것입니다. 여성의 의사를 존중하지 않고 거칠게 다뤄도 되는 것처럼 남성에게 관대한 성

가정을 살리는 *女子*

에 대한 인식이 왜곡돼 있는 한국사회의 불합리한 관념이 성범죄를 가볍게 여기도록 한다는 점입니다.

7. 앞서 말씀드렸듯이 우리 사회의 왜곡된 성문화가 성범죄 요인을 만들지는 않았는지, 이 부분을 집중적으로 이야기 해보려고 하는데요. 성문화, 어떤 점이 가장 문제라고 보시나요?

현행 법 제도와 법원의 판결이 느슨해 오히려 성폭행범을 보호하는 듯 한 모습을 보이는 것도 성폭력 사건을 줄지 않게 만드는 요인으로 꼽습니다. 피해 당사자가 신고해야만 입건하는 이른바 친고죄로 분류한 것은 우리 성폭행 관련 법률의 대표적인 문제로 지적됩니다. 폭력, 폭행, 강도, 살인 등의 범죄는 피해자가 신고하지 않아도 경찰이 인지하는 즉시 수사해야 하는데 성폭력은 아무리 중대한 사건이라도 피해자가 신고하지 않으면 경찰이 개입할 수 없게 해 놓았습니다.

또 입건되고 기소되더라도 가해자가 피해자의 합의를 얻어내면 거의 100% 기소가 취소되고 풀려납니다. 시중에는 "변호사만 잘 사면 악질 성폭력 가해자도 집행유예나 벌금형 정도로 가볍게 끝난다"는 말이 유통되고 있는데, 사실일 가능성이 큰 이러한 속설도 성범죄 확산에 한 몫을 한다는 게 관계자들의 주장입니다. 그래서 법의 정의가 실종된 대표적인 부문이 성폭력 사건이라는 말도 나옵니다.

한 직장인은 "이래 가지고는 성폭력범이 법의 처벌을 무서워할 이유가 없습니다. 성폭력 사건이 날로 증가하는 중요한 요인을 법률이 제공하고 있는 셈이니 온정적 처벌 조항, 낮은 구속 비율, 높은 집행유예 선고 등이 성폭력 발생을 높인다는 비판에 법원이 납득할만한 답을 해야 한다"고 목소리를 높였습니다.

8. 그렇다면 원장님께서는 우리 성문화가 어떻게 변해야 한다고 보시는지요?

우리 사회가 늘 시간의 흐름과 함께 쉽게 잊어버리는 비슷한 패턴을 보여 왔듯이 이번 나주 어린이 성폭력 사건 때도 마찬가지였습니다. 맹렬하게 제기되었던 성폭력 근절을 위한 방안마련 논의도 며칠간 온 나라가 물 끓듯 진행되다 다른 사건이 등장하면서 금방 망각의 늪에 던져졌습니다. 서로의 입장에 따라 상반된 주장을 펼치며 분열된 모습을 또 한 번 연출했습니다.

어떤 사회든지 당파가 있게 마련이고, 어떤 문제에도 찬반 의견이 존재하는 것이지만, 흉악범에 대한 처리와 재발방지에 관한 논란은 다른 문제와는 인식이 달라야 합니다. 사회 구성원의 생명과 안전을 확보하기 위한 방안을 강구하는 논의에 있어서 인권보호라는 또 다른 가치를 개입시키면 주제가 흐려져 효율적인 결론을 도출해내기 어렵다는 지적이 나오고 있습니다.

9. 일각에서는 성매매특별법이 시행된 이후에 성범죄가 증가했다고 보
   는 시각도 있는데요. 원장님께서도 비슷한 의견이시라고요?

경찰청에서 발표한 2001년부터 2010년 6월말까지의 성범죄발생현
황 그래프를 보면 성매매특별법 시행년도인 2004년 이후와 상관없
이 꾸준히 증가하는 것을 볼 수 있습니다. 2010년의 성범죄 발생건수
는 6월말까지 9440건으로 올해 또한 전년도와 비교하여 약간의 상승
이 예상됩니다. 성매매특별법 시행으로 성범죄 발생에 대해 어떠한
영향이 있었다면 2004년 이후로 성범죄발생건수가 어떠한 변화를
보여야 할 것이지만 10년간의 통계는 2004년을 기점으로 어떤 변화
를 보이지 않고 있습니다(2001년부터 2004년간 성범죄 증가추세와 2004
년부터 2007년까지의 성범죄 증가수치는 비슷하다). 2004년 제정된 성매
매특별법이 성범죄 증가의 원인이 아닌가하는 의문이 있을 수 있지
만, 2004년 이전부터(2001년부터) 성범죄는 증가하는 추세를 보이고
있고 2001년부터 2004년간 성범죄 증가추세와 2004년부터 2007년
까지의 성범죄 증가수치는 비슷합니다.

9-1. 그렇다면 성매매특별법이 폐지된다면 성범죄가 줄어들 수 있다고
    보시는 건가요? 구체적인 근거를 제시할 수 있으신가요?

성폭력 사건의 본질은 묻혀버리고 사형집행 시행, 사형제 폐지, 화학
적 물리적 거세 시행, 전자발찌 효과 논란, 흉악범의 신상공개, 범인

의 인권보호 등 부차적인 이슈들을 놓고 언론들도 보수와 진보 진영으로 나뉘어 양보 없는 공방을 펼치는 데 몰두했습니다. 정치권과 시민단체들도 여기에서 빠지지 않았습니다.

9-2. 오히려 모든 남성을 잠재적 성범죄자로 간주하는 시각이 아닌가 하는 생각도 드는데요?

어떤 사람은 남성들을 코너로 몰고 사회에서 몰아내려는 인권 탄압이며, 지금까지 아무 일 없이 해오던 관행을 법이라는 잣대를 들이대는 법원이 납득할만한 답을 해야 한다며 비판에 말을 하지만 그래서 잘못된 남성들에 성의식을 바꾸기 위한 존스쿨 교육은 지향되어 개도의 의지를 마련해야 한다고 봅니다.

10. 끝으로 건강하고 바람직한 성문화 조성을 위해서 가장 시급하고 또 중요한 사안은 뭐라고 보시는지요?

청소년기 성문제 중의 하나로 교과서에서 성폭력을 다루고 있으나, 성폭력의 예방이 아닌 피해에만 집중하여 기술하거나 성폭력의 책임이 여성에게 있다는 식으로 기술되어 마치 성폭력은 거부하거나, 끝까지 저항하면 피할 수 있는 것처럼 기술하고 있을 뿐 아니라 성폭력이 일어나는 분위기나 기회를 피해자인 여성이 제공한다는 식의 삽화를 게재하고 있습니다. 이처럼 성폭력에 대한 잘못된 인식과 왜곡

가정을 살리는 女子

된 정보가 교과서에 실려 있는 것은 성폭력에 대한 정확한 객관적 정보를 전달하고 왜곡된 성문화를 바로 잡아야 할 교과서의 본연의 모습과는 동떨어진 것입니다. 10대 임신 또한 오로지 여자 청소년만의 문제로 다뤄지고 있는 것은 재고되어야 합니다. 이는 성 행동에 대한 책임을 여성에게만 묻고 있으며, 남성에게는 책임이 없다는 메시지를 주는 것과 같기 때문입니다

성적인 증후와 관련해서, 덩치가 크거나 코밑에 약간 검은 기운이 나타나는 남자아이들과 상담할 때 제일 먼저 묻는 것이 자위행위입니다. 자신의 성적 욕구를 충족시키기 위해서 마스터베이션을 한다는 것도 보편적인 일입니다. 물론 자연스러운 분위기에서 자유롭게 물어봐야 되는 것은 당연지사로 여겨집니다. 케이블 TV와 컴퓨터의 영향으로 빠른 학생은 초등학교 3학년 때부터 하는 학생까지 봤습니다. 보통 초등학교 6학년의 경우 30~50%, 중학교 2학년 이상인 경우는 거의 90%이상이 합니다. 만일 중학교 3학년인데 자위를 안 하면 오히려 병원에 데리고 가봐야 합니다. 엄마들에게 이런 얘기를 하면 "우리 애는 순진해서 몰라요. 오히려 이런 이야기가 이상한대요?"라고 합니다.

다음 사례는 엄마가 아들을 얼마나 주관적으로 보고 있는지 단편적으로 보여줍니다.

OO중학교 2학년 남학생 우진이(가명)는 부모님들이 다 직장 나가시

고 여동생(초 5)이 노트북 가지고 자기 방에 들어가면(부모님이 게임 때문에 노트북에는 절대 손을 대지 못하게 함) 거실에 있는 컴퓨터를 통해 야동을 보면서 자위를 합니다. 어떻게 여동생이 집에 있는데 볼 수 있냐고 물어보니까 보통 여동생이 노트북 갖고 들어가면 한 시간 정도는 안 나오고 컴퓨터 모니터를 돌려놓고 잠바 등으로 덮고 보면서 자위를 한다는 것인데 우진이의 문제는 자위가 아니라 폭력적인 야동으로 잘못된 성문화를 가지고 있다는 점이었습니다.

보통 야동은 크게 4가지로 나누어집니다. 미국야동, 일본야동, 로리타(어린 여학생 등장), 일본 애니메이션입니다. 내용상으로는 하드와 소프트로 나누어지는데 하드는 2명 이상의 남자가 나와서 강간 등 변태적인 성행위를 주로 다루고 소프트는 보통 일대일 등 정상적인 성행위를 다룹니다.

문제는 우진이가 야동에 심취해 있다는 것이었습니다. 여자가 강간당하면서 결국은 쾌감을 느끼는 야동의 스토리대로 왜곡된 성문화를 갖고 있고 어떻게 하면 성기를 키울 수 있나 고민하는 중이었습니다. 이런 우진이를 떨어지는 영어 성적 문제만 가지고 개인 학생상담을 요청하였기 때문에 엄마는 지금 우진이 상태를 알고 있나 해서 물어보니 그렇게 해맑은 눈을 가지고 있는 자기 아들에게 무슨 소리냐고 한동안 말을 잇지 못하셨습니다. 아무리 말씀드려도 안 믿으셔서 스마트폰의 녹음기능을 이용해서 재차 면담한 내용의 녹음 파일을 들

가정을 살리는 女子

고 나서야 믿으시고 부부 상담코스를 신청하셨습니다.

남자아이들은 성적 이전에 태도나 사고방식부터 잡아줘야 성적이 오릅니다. 엄마는 이것을 간과한 채 과외선생 혹은 학원만 바꾸기 때문에 효과를 볼 수 없습니다.

정작 문제는 아들의 정신에 있는데 말입니다. 우진이는 두 달에 걸친 상담코스를 통해 왜곡된 성에서 벗어났고 이후 영어 성적이 90점대로 급상승했습니다. 아들의 성장과정에는 성(性)멘토링이 필수입니다. 훈련된 성인 남자가 반드시 필요하지만 가장 현실적인 방안은 아버지가 나서는 것입니다. 성매매 사범 교육이 있습니다. 2005년엔 8시간 교육하던 것을 2012년부터 16사건으로 늘리고 많이 줄은 듯합니다. 그때 남성들에게 물었습니다. 언제 성에 대해 집착하게 되었는지요.

놀라운 것은 우리나라 목욕탕에 중학생까지도 어머니들이 남자 아이를 여탕에 데리고 가고 그곳에서 모든 여성들의 성기와 유방을 본 아이들이 환상과 왜곡된 성을 배우게 되었다는 것과 오줌 멀리싸기, 여자아이 꼬여 데려오기 등을 통해 첫 경험을 하게 되고 그 후 몇 번 관계를 지속하다 술 먹고 친구들에게 인계한다는 것입니다.

가정폭력이 살인으로 번지는 일이 발생하면서 가정폭력 문제에 대한 적극적인 대응이 필요하다는 지적이 일었다. 그래서 정부는 가정폭력이 범죄라고 명하고 법에서 행위자 남성들에게 상담위탁을 받게 하였다.

'가정폭력은 가정이라는 패쇄적인 공간에서 이뤄지기 때문에 오랜 기간에 걸쳐 상습적으로 발생하는 경향이 있다'며 '가정폭력이 범죄'라는 사회적 인식이 아직도 부족해 가정폭력을 당한 부인이나 자녀들이 수사기관이나 상담소를 거치지 않는 경우가 많다고 설명한다.

"가정폭력은 살인으로까지 번질 수 있는 범죄임에도 아직까지 집안일로 치부돼 수사과정에서 가해자와 피해자 간의 분리가 제대로 안되고 있으며 가해자에 대한 처벌 역시 미약하다"고 덧붙였다.

어머니를 상습적으로 구타해 온 아버지를 흉기로 수차례 찔러 살해한 20대 남성이 지난 24일 경찰에 붙잡혔다. 이 남성은 경찰 조사에서

"초등학교 3학년 때부터 아버지가 술을 마시고 들어와 어머니를 때리고 집기류를 부숴 감정이 좋지 않았다"고 진술한 것으로 알려졌다. 이렇게 가정폭력이 오랜 기간 지속됐을 때 적절한 조치를 취하지 못해 피해자가 가해자로부터 사망하게 되거나 가정폭력을 견디지 못하고 결국 가해자를 살해하는 경우가 발생하고 있다.

실제로 지난달에는 남편의 가정폭력을 견디지 못하고 남편을 결국 살해한 부인에게 징역형이 선고되기도 했다. 이에 일각에선 '가정폭력으로부터 벗어나기 위해 피해자가 어쩔 수 없이 가해자를 살해하게 된 경우 정상참작을 해야 한다'는 주장도 나오고 있다.

서울지방변호사회 인권이사를 맡고 있는 손정혜 변호사는 "가정폭력이 장기간에 걸쳐 일어나 생명에 위협이 될 정도로 심각할 경우 피해자가 가정폭력에서 벗어날 수 없었던 상황 등을 고려해 정상참작을 해줄 필요가 있다"고 말했다.

손 변호사는 이어 가정폭력 가해자의 처벌에 대해서도 "수사단계나 재판단계에서 여전히 '가해자가 한 가정의 가장이라 생계유지에 필요' 등의 사유가 받아들여져 처벌이 약하다"고 지적했다. 이에 2013년 박근혜 대통령이 가정폭력 척결을 선포하였다. '가정폭력'이라 함은 가정구성원 사이의 신체적, 정신적 또는 재산상 피해를 수반하는 행위를 말한다.

가정폭력범죄라 함은 가정폭력으로서 다음 각 목의 1에 해당하는 자를 말한다.

가. 형법 제2편 제25장 상해와 폭행의 죄 중 제257조(상해, 존속 상해), 제258조(중상해, 존속중상해), 제260조(폭행, 존속폭행) 제1항·제2항, 제261조(특수폭행) 및 제264조(상습범)의 죄

나. 형법 제2편 제28장 유기와 학대의죄 중 제271조(유기, 존속유기) 제1항·제2항, 제272조(영아유기), 제273조(학대, 존속학대) 및 제274조(아동혹사)의 죄

다. 형법 제2편 제29장 체포와 감금의 죄 중 제276조(체포, 감금, 존속체포, 존속감금), 제277조(중체포, 중감금, 존속중체포, 존속중감금), 제278조(특수체포, 특수감금), 제279조(상습범)(제276조,제277조의 죄에 한 한다) 및 제280조(미수범)(제276조 내지 제279조의 죄에 한 한다)의 죄

라. 형법 제2편 제30장 협박의 죄 중 제283조(협박, 존속협박)제1항·제2항, 제284조(특수협박), 제285조(상습범)(제283조의 죄에 한 한다) 및 286조(미수범)의 죄

마 형법 제2편 제33장 명예에 관한 죄 중 제307조(명예훼손), 제308조(사자의 명예훼손), 309조(출판물등에 의한 명예훼손) 및 제311조(모욕)의 죄

바. 형법 제2편 제36장 주거침입의 죄 중 제321조(주거, 신체 수

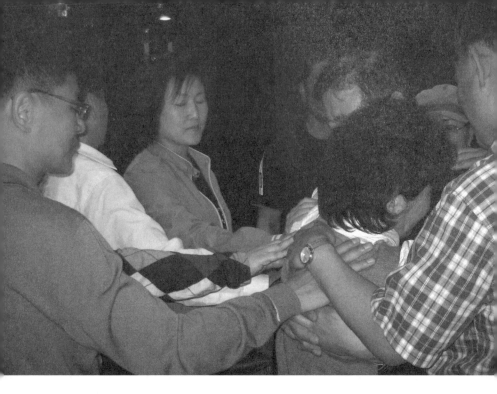

색)의 죄

사. 형법 제2편 제37장 권리행사를 방해하는 죄 중 제324조(강

요) 및 제324조5(미수범)(제324조의 죄에 한 한다)의 죄

아. 형법 제2편 제39장 사기와 공갈의 죄 중 제350조(공갈) 및 제

352조(미수범)(제350조의 죄에 한한다)의 죄

자. 형법 제2편 제42장 손회(損)의 죄 중 제366조(재물 손해 등)

의 죄

차. 아동복지법 제18조 제2호를 위반한 죄

카. 가目 내지 자目의 죄로서 다른 법률에 의하여 가중 처벌되는 죄

가정을 살리는 女子

가정 폭력이란?

가정 폭력이라는 말속에서는 어떤 성적, 연령적 특성을 찾아볼 수 없다. 하지만 현실에서는 압도적으로 남성의 여성 배우자에 대한 폭력의 비중이 높게 나타나며, 부모의 자녀에 대한 폭력, 성인 부부의 노인 보모에 대한 학대와 유기가 그 다음을 차지한다고 생각된다. 즉 아내에 대한 구타, 자녀에 대한 학대, 노부모에 대한 학대가 대표적인 유형으로 나타난다. 장애인을 둔 가정에서 장애아에 대한 폭력이 자행되기도 한다. 요컨대 가장 전형적인 가정 폭력은 그 가정의 가장(주로 성인남성)이 자신의 배우자와 자녀를 포함한 가족 성원들에게 행해지는 것으로 나타난다. 가정 폭력은 가족 구성원에 대한 육체적, 정신적, 성적 피해를 야기하는 행위를 말하며, 그 전형적인 피해자에 따라 아내, 자녀, 요보호자에 대한 폭력으로 나눌 수 있다.

아내 학대의 정의

물렌더(Mullender)는 학대를 남편에 의한 신체적, 성적, 정서적 학대로 보고 있다. 즉 남편이 아내에게 일방적으로 가하는 넓은 의미의 손상을 의미이다. 마시(Masi)는 아내 학대란 "부부 사의의 합의하에 의해 일어난 가학적, 피학적 관계가 아니라 쌍방의 합의 없이 남편이 아내에게 신체적으로 손상을 입히는 행위"라고 하여 폭력행위의 관계를 중심으로 규명하였다. 우리나라에서는 폭력이 가족에게 적용되는 경우 학대와 동일하게 보고 있다. 아내에 대한 폭력을 부부간의 갈등 표출 방법으로 상대방에게 신체적으로 위협하거나 신체적인 손상을 가하는 행위라고 보면서 폭력과 학대를 동일시하였다. 따라서 우리나라에서 아내 학대는 핵가족에서나 확대가족에서 남편이 아내에게 가하는 언어적, 신체적, 정서적, 성적 폭력을 의미하는 것이다.

아내 학대 현상은 정도의 차이를 제외하고 인종, 문화, 경제 수준, 교육 수준에 관계없이 일어나는 대륙적인 현상이다. 그런데 아직 아동 학대를 포함한 가정 폭력이 많이 노출되지 않아 전체적인 아내 학대 현상을 살펴보기는 매우 어렵다.

(1) 신체적 학대 현상

아내 신체에 대한 남편의 폭력행위는 반복성과 심각성의 증가가 특징적이다. 남편의 신체적 폭력은 '더 자주, 더 심하게'의 원리이다. 신체적 손상의 정도는 피부의 가벼운 붉어짐이나 멍듦에서 골절상, 상처, 유산, 사망에 이른다.

초기 발생

물렌더(Mullender)가 언급한 바와 같이 여성은 남편에 의한 첫 폭력을 아주 심각하게 받아들여야 이후의 연속적인 폭력을 예방하고 자기와 가족을 보호할 수 있다.

우리나라는 한국여성개발원(1993), 허남순(1993), 한국 여성의 전화 조사에서 보면 결혼 6개월 이전이 65.5-75%로 거의 2/3정도가 결혼 초기에 남편에 의한 폭력을 경험하는 것으로 나타났다. 더욱이 폭력의 첫 경험 중에서 결혼 이전에 발생한 비율도 15.4-25.7%로 높게 나타나고 있는데 가족 문화의 영향 때문인지 우리나라 여성의 폭력에 대한 의식이 관대하고 허용적인 경향이 있다.

폭력 경험 및 정도

아내 폭력 현상은 주로 연구 결과와 경찰 범죄 신고 자료에 근거하고 있는 내용이다. 미국은 배우자 폭력에 관한 전국 조사 결과 6,002명의 부부 중 뺨을 때리거나 물건을 던지는 등, 비교적 덜 심각한 폭력 행동을 포함한 경험이 16.1%, 심각한 공격이 6.2%이며, 공격자는 거의 남성인 것으로 전제되어 있다.

뉴질랜드의 아내 폭력 경험 조사에서 기혼 여성 2,006명 조사 대상자 중 16.2%가 신체적 구타를 경험했고, 그 중 1/4은 병원에서 치료를 받았다고 한다.

우리나라의 경우, 보건복지부 조사에 의하면 부인 조사 대상자 7,500명 중 61.0%가 구타를 당한 경험이 있고 다른 연구에서는 심한 구타는 조사 대상자 544명 중 10.1%로 나타났다(한국형사정책연구원). 이렇게 볼 때 아내 학대에 대한 외국의 연구와 우리나라의 연구는 조사 집단의 수의 차이는 있을지라도 대체적인 경향은 파악할 수 있다. 즉 우리나라가 미국이나 뉴질랜드의 16% 경우보다 아내 구타 비율이 61%로 훨씬 높게 보여주고 있다. 신체적 폭력의 빈도는 우리나라의 연구 결과들에 의하면 한 달에 1회 이상에 응답한 비율의 범위가 16-

80.8%로 나타나 차이가 큰 것으로 보아 예측하기에 무리가 많다.

한편 경찰의 범죄 신고 자료에서 나타난 아내 학대 현상을 보면 영국은 살인 사건 중 1/5이 부인이나 전부인 살해이고, 스트라우스(Straus)는 미국 살인 사건의 1/4이 가정 폭력에 의한 것이라고 지적하였다. 이것은 가정 폭력의 종국이 사회중범죄화 됨을 증명한 것으로서 아내 학대와 자녀 학대가 얼마나 위기의 환경이 될 수 있는지를 보여 주고 있다. 또한 아내 폭력은 사회계층에서 보면 중산층 여성이 드문데 그 이유는 경제적 능력 및 은신처가 있고 자신이 학대받는 여성임을 인정하기 어렵기 때문이라고 하였다. 이 점은 아내 폭력의 노출 여부가 여성의 경제적 조건과 사회적 지위의 영향을 받을 수 있음을 시사해 준다.

(2) 성학대 현상

아내에 대한 성학대는 독립적 폭력일 수도 있지만 신체적 학대와 연결되기도 한다. 남편은 신체적 폭력으로 아내를 공격한 후에 다시 성적으로 일방성과 강제성을 가지고 힘과 지배 욕구를 과시한다. 성폭력은 아내에게 특히 자괴감과 모멸감을 느끼게 한다. 우리나라 전국 여성의 구타 직후 강제적 성관계의 발생은 형사 정책 연구소의 조사 결과 14.7%, 한국여성개발원 28.8%, 여성의 전화 24.5%로 각각 나타났는데 이를 볼 때 신체적 폭력과 성폭력이 연속적으로 일어날 확률은

20%정도로 예측하는 데 큰 무리가 없을 것으로 보인다. 영국의 경우는 신체 폭력과 성폭력 병행 사례는 33%와 9%로 나타나 조사에 따른 발생 비율의 폭이 큰 차이를 보여 준다.

(3)정서적 학대 현상

지속적이고 극심한 아내 학대는 정서적 학대를 동시에 유발시키고 정신적 손상을 가져다준다. 신체적으로 가학적 남편은 아내 지배의 방안으로서 정서적 학대를 포함한다. 즉 위협하거나 벽을 치거나 고함을 지름으로써 여성이 심리적 위축과 공포를 느끼게 하고 오랫동안 침묵함으로써 불안과 긴장을 고조시킨다. 또는 아내에 대한 간접적인 폭력 행사로서 자녀를 학대하거나 가구를 부수기도 한다. 정서적 폭력에 시달린 여성들의 경험적 평가는 학대에 의한 손상은 정신이 가장 큰 영역이라고 보았다. 또한 남편의 소유 욕구에 의한 질투심으로 의심이 많고 아내를 집에만 구속시키고 경제적으로 의존케 하는 강압적 횡포 전략을 사용한다. 이러한 정신적 폭력의 결과는 수면 장애와 체중 감소, 궤양 질환, 신경과민, 히스테리증, 자살 충동과 심한 우울증, 정서 불안을 가져옴으로써 자존감이나 자기 이미지를 크게 손상시키게 한다. 따라서 정서적 폭력의 결과 여성은 탈진하고 생기가 없으며, 정서 감정이 없는 로봇의 모습이 되는 것이다.

아내구타에 대한 해결책 및 대안

(1) 거시적 차원

예방적 차원

① 지역사회는 가정 폭력의 문제의 심각성을 널리 알려 사회문제로 이슈화하고 가정 폭력을 계몽하고 이를 제도적으로 뒷받침 할 수 있는 각종 인권 단체를 육성하고 이 단체들 간의 상호 협력을 유도해야 한다.

② 상담소와 보호시설, 병원 등에 종사하는 사람들에게 가정 폭력 대한 교육을 철저히 시켜 가정 폭력 피해자들에게 적절한 도움을 주도록 한다.

③ 국가는 현재 시행하고 있는 가정폭력 방지법이 그 실효를 거둘 수 있도록 적극 노력해야 한다. 가정 폭력 방지법은 실제 법집행 과정에서 당국의 인식 부족과 전통적 가족주의 등으로 인해 많은 문제가 발생하고 있다. 가정 폭력을 집안싸움이라 여겨 끼어들기를 꺼리고 단순한 폭력 사건으로 처리하는 등의 경찰, 법조계의 미온적 태도는 근절되어야 한다.

치료적 차원

① 지역사회는 가정 폭력을 보호하고 치료할 수 있는 상담 전화, 상담소, 긴급 대피소를 지역마다 마련해 주어야 한다. 그러나 그 수가 극히 적고 편재되어 있다. 상담 전화의 경우 불통이 자주 되어 통화 연결이 잘 안되고 상담소나 보호시설은 그 곳에 있는 동안뿐이어서 그 보호가 임시이다. 그리고 상담과 보호 외엔 직업훈련이나 교육이 이루어지지 않아 가정 폭력이 사회에 복귀할 때 많은 어려움이 따르게 된다. 이에 대한 행정적 지원으로 시설의 확충과 직업훈련 등의 효과적인 교육이 이루어져야 한다.

② 국가는 구타자에 대한 처벌을 강화시켜 폭력의 재발을 막아야 한다. 그리고 가해자와 피해자 모두가 정신적 치료를 받을 수 있게 경제적, 직업적 기능을 회복하는 훈련을 실시해야 한다.

(2) 미시적 차원

예방적 차원

① 가정 폭력에게 어릴 때부터 폭력의 심각성과 범죄성을 일깨워 줄 수 있는 교육을 실시해야 한다. 가정 폭력에 대한 무지를 깨우치고 폭력에 대한 잘못된 인식과 태도를 교정시켜야 한다.

② 가정 내에서 폭력을 용납하거나 미화시키는 일이 없어야 한다.

특히 폭력을 다룬 영화나 책을 자녀가 보지 못하도록 하는 부모의 적절한 행동이 필요하다.

③ 가정 내에서 자녀에 대한 처벌을 정당화해서는 안 된다. 상습적인 아동 구타는 물론 잘못에 대한 처벌도 아동이 폭력을 학습하는 기회가 되므로 처벌은 삼가야 한다.

치료적 차원

① 가정 폭력 피해자는 구타당하는 것을 창피하게 여기고 가정을 지속시키기 위해 신고하기를 꺼려하는 것이 대부분이다. 참고 은폐하는 것이 최선의 해결책이라는 인식을 바꾸고 피해자 스스로도 용기를 가져야 한다.

② 가족 구성원들은 방관적 자세만 취할 것이 아니라 가정 폭력 폭력의 위험에서 벗어날 수 있도록 도와주어야 한다. 가해자가 폭력을 행사할 때 피해자를 안전한 장소로 대피시킨다든가 상처를 입었을 경우 병원에 입원시켜야 하고 경찰에 신고하는 등의 적극적 행동을 취해야 한다.

이렇게 법으로 재정하고 2002년부터 법원에서, 검찰에서, 보호관찰에서 지금까지 수많은 성폭력 사범 남자들을 상담 위탁 받아 치료할 수 있었다.

라브리 위기 가정 회복 센터에서 가정폭력 행위자(가해자) 프로그램을 진행하면서 가정폭력 행위자 프로그램은 세 개의 연구를 바탕으로 개발되었다.

첫째, 가정폭력 행위자의 특성을 조사, 둘째, 가정폭력 행위자의 유형, 셋째, 행위자 상담을 제공한 가정폭력 관련 기관들의 서비스 실태를 파악하였다.

가정폭력 행위자 치료 프로그램 목적

① 가정폭력에 대한 인지 재구성으로 폭력행위에 대한 책임을 인식하고 교정하도록 격려하여 폭력행위를 예방한다.

② 원 가족과 자기성장배경 등을 통해 자기이해, 자기 재발견하도록 한다.

③ 비폭력 분노표현, 대화기술 등을 이해하고 연습하여 가족과 대인관계에 적용하여 원만한 가족관계를 맺을 수 있도록 한다.

④ 비폭력 행동을 위한 나와 가정에 대한 청사진으로 건강한 가정으로 다시 세워가도록 한다.

⑤ 1회기에는 4명으로 집단 프로그램을 운영할 수 있었으나 금번에는 1명을 위탁받으므로 진행자에게는 어려움이 있었으나 수강명령을 받은 행위자에게 집중할 수 있는 좋은 기회였다.

⑥ 라브리(L'ABRI) 위기가정회복센타 부설 가정폭력상담소는 전문

교수진을 보강하여 더 나은 교육 프로그램을 진행하고 사후 관리에 집중을 주고자 한다.

행위자 치료 프로그램 운영 평가계획

프로그램의 상담효과와 상담성과를 객관적으로 볼 수 있는 평가의 틀이 미비한 상태이므로 프로그램 목표와 기대효과를 중심으로 평가해 볼 수 있는 검사도구와 가해자 본인의 상담평가 그리고 상담자의 평가 등을 통해 평가하고자 한다.

① 평가를 위한 검사도구: MBTI, ENRECH, ANGER, SELF-IMAGE, 자아 존중감, 분노척도질문, 결혼만족도, 알코올중독, 양성평등지수 등

② 본인의 상담평가: 자체적으로 마련한 평가도구로 프로그램 평가 설문서, 셀프이미지, 변화된 모습 찾기, 인터뷰에 의한 평가 등

③ 상담자 상담평가: 자체적으로 마련한 평가도구로 개별상담평가서 등

위 검사 도구를 활용하여 프로그램 사전, 사후의 검사결과를 비교, 분석하여 평가한다.

기대효과

① 가정폭력 행위자들의 낮은 자존감을 회복하고 성장하면서 경험한 가정폭력에 대한 피해와 갈등해결방법에 대한 학습된 고정관념을 인식하여 가정폭력에 대한 거짓된 통념들을 객관적으로 이해하도록 한다.

② 가정폭력행위를 선택한 자신들을 이해하고, 탐색하면서 분노조절과 표현 방법, 비폭력 대화방법 등을 배움으로써 가정폭력 상황에서의 대처능력을 함양하고 분노를 긍정적으로 표현하여 원활한 의사소통을 통해서 서로의 필요를 채워줄 수 있는 능력을 갖도록 한다.

프로그램에 참가한 가해자들에 사례를 몇 가지 소개하고자 한다. 이름은 예명으로 대신하였다.

사례 1 멋대로

본인이 한 행동에 대해 후회합니다. 당시 상황에서는 정말 잘못했습니다. 내가 한번 이혼하고 재결합 한 후에 아내가 일하러 다니면서 늦게 귀가하는 것과 대화에 응해주지 않는 것, 아이들도 나에게 무시하며 인사도 하지 않는 것에 화가 나서 자주 때릴 일이 생겼습니다. 때릴 상황이 생겼습니다. 버릇을 고치려 한 것인데 말입니다.

counseling solution

행위자의 딸 둘은 모두 엄마와 한편이라고 생각했었는데 그 아이들과 대화를 하면서 공감 받은 것에 대한 새로운 발견에 기뻐하는 것 같았다. 쉽게 아내에게 다가갈 수 없는 거리감을 두려워하였고 속히 문제를 마무리하고 새롭게 재결합을 간절히 원하였다. 진행자가 피해자의 의견을 물으려 전화했으나 받지 않아 통화가 불가능했고 상담이 끝나고 다시 시도해 보겠다고 하자 안정된다며 고마워 하였다.

행위자에게 지금 가장 힘든 것은 아내가 전화를 받아 주지 않고, 또 성격도 어긋나는 것 같고, 아내의 늦은 귀가에 대한 화, 가족들이 자신을 배제하는 것 같다는 아픔을 호소했다. 딸 둘도 모두 엄마편이고, 자기는 너무 외롭다고 했다. 주변에 친구도 없고, 자기는 변했는데 아내와 어긋나니 괴롭다고 했다. 그래서 상담을 아내와 함께 받게 해주었으면 좋겠다고 했다. 그래서 진행자가 피해자에게 전화로 물어보겠다고 했다. 또 아이들과 자주 만남을 시도하라고 권유하자 자주 만났다고 했다. 일방적인 만남보다는 아이들을 아버지가 살고 있는 곳에 불러서 가슴의 대화를 하도록 권면했고, 그 후 상호간의 노력으로 가족은 회복되었다.

사례 2 나잘난

직장에서 여자를 알게 되었고, 돈을 많이 가져다 줄 때는 바가지도 안 긁고 문제가 없었는데 동거녀와 다방을 운영하게 되었습니다. 그 사건 후 아내와 다툼이 자주 있었으며, 다방을 정리하고 직장에 취직도 어려워서 선배 회사에 수금원으로 취직하였으나 적성에 맞지 않아 힘들었습니다. 마음과는 다르게 모든 원인을 아내에게 전가하면서 술 먹고 분노를 표현하면서 관계가 어려워진 것을 호소하였습니다. 한 달 중 29일을 술을 마시며 주량은 4홉 2병이라고 합니다. 자신을 알콜 중독자로 취급하는 아내와 딸에게 곧잘 화를 내었으며, 늦게 귀가 하는 아내에게 말을 시키면 멀뚱히 바라보는 것이 자신을 무시하는 것 같고 화가 난다고 합니다. 이혼 후 아내가 그리워 두 번 정도 만나 달라하면 "한번만 만나주니 미치겠다, 나는 재결합을 원한다, 정말 가족에게 잘하고 싶다"라며 눈시울을 붉힙니다.

counseling solution

상담을 시작할 때는 아이들과 아내에 대한 분노와 용서치 못한 감정을 가지고 있었다. 그러나 회기가 지나면서 치유되고 마음을 내려놓는 시간이 되었다. 행위자가 편안한 마음으로 새로운 가정에 대한 비전을 꿈꾸며 희망을 표현할 때, 의미 있는 교육이었다고 말했다. 상담을 종료하면서 가족과 함께 오고 싶다고 했다. 행위자가 진실을 보여 주었고, 상담자도 그렇게 서로 신뢰를 주고받았다. 자신을 신뢰해 준 한 사람에 대한 고마움이 가족에게 손을 내밀 힘이 된다고 하였다.

가정을 살리는 女子

사례 3 명물님

입구에 들어오자마자 큰 소리로 인사를 하며 웃음을 보인 명물님은 설문지를 시작할 때 소리 내어 읽으면서 많은 고민 끝에 작성하고 자신이 쓴 것을 읽었습니다. 아내와 파출소에 갔을 때 피해자 진술만 듣는데 그것을 역이용하려는 경우가 많아서 자신의 정신적인 폭력에 대한 저항이 없었다고 합니다. 아내가 병적으로 말이 너무 많으며 그것으로 인한 스트레스가 너무 크고 무조건적으로 아내의 이야기를 들어주는 것에 지쳐있다고 합니다. 상담을 받고나서 아내에게 기법을 적용해보려고 노력하지만 아내가 잘 받아주지 않아 소용이 없어서 속상하다고 하며. 말을 많이 더듬어서 대인 공포증이 있었는데 지금은 상담을 통해 정서적 안정을 찾고 많이 나아졌다고 합니다. 내담자는 어린 시절 어머니를 따라 밭일도 가정일도 많이 도왔다고 합니다. 칭찬이라고는 없는 어머니는 늘 잔소리로 책망하였고 결혼을 절대 어머니 같은 여자와 하지 않을 것이라고 했는데 결혼 후 점점 아내는 점점 자기 어머니처럼 변한다고 호소하였습니다.

counseling solution

아내에게서 언제 어머니의 모습을 발견했는가? 그것도 끔찍이도 싫어하던 부분을. 어느 날 가족을 위해 요리를 했고 아이 둘은 맛있게 먹었다. 그러나 아내는 맛이 없다면서 양념이 빠진 것이 있다는 잔소리를 늘어 놓았다. 그래서 냄비를 집어 던지며 다투었고, 맛있게 먹고 있

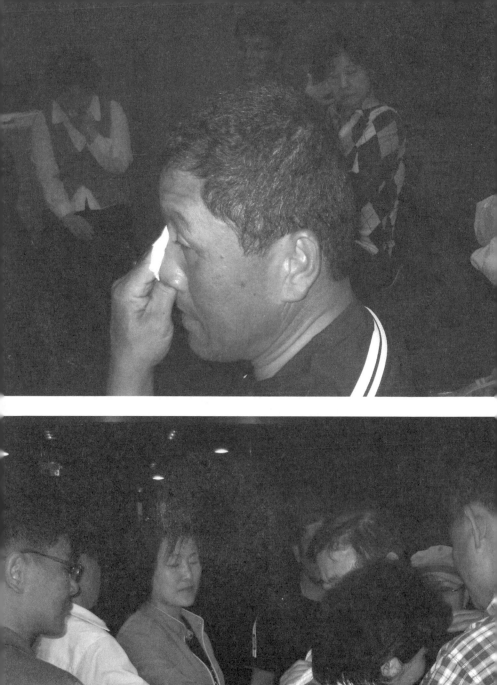

던 아이들은 울면서 자기 방에 숨죽이고 있다가 잠이 들었다. 그 순간 당신은 아내에게서 어떤 어머니의 모습을 봤는가?

자고 있는 아이들보다는 아내를 봤는데, 나를 비웃고 있었다. 그래서 흉기까지 든 제2의 폭력이 일어났다. 이 부부는 3개월 동안 지속적으로 상담을 통해 서로 부모에게 받은 상처(아내는 아버지, 남편은 어머니)를 치료받은 후 자신들의 정체성을 발견하고 치유되어 보람있는 상담이었다.

사례 4 꿈을 꾸는 아이

사고로 다리를 다쳐 몸이 불편한 와중에도 상담에 잘 참석하며 성실한 사람입니다. 가정폭력 법은 아내들에게도 필요한데 왜 책임을 무조건 남자에게만 지며 가해자가 되는 건지 이해할 수 없다고 하며 국가에 불만이라고 말합니다. 가정폭력 과정을 무시하고 결과만 가지고 피해를 입는 것이 속상하다고 하며. 피해자와 가해자가 따로 진술을 하여 허위 진술을 받는 것에 대한 법적인 조치가 있어야 하지 않겠냐며 상당히 흥분되어 있었습니다. 지금은 잘해보려고 노력하지만 여전히 아내에 대한 신뢰와 믿음이 100% 되지 않으며 한번 했던 거짓말을 계속 위기모면에 이용하는 것이 이해할 수 없다고 하며. 자신은 권위적이고 무능한 아버지 그리고 화를 잘 내고 자식보다 자신에 감정에 의해 가정을 통제하는 환경에서 자랐다고 합니다.

    헌신적이고 희생이 강한 어머니 사이에 2남 3녀를 두신 행위자는 막내이고 어머니는 그에게 모든 것을 다 들어 주는 전능자였습니다. 그런데 아버지가 폭행을 하는 것을 초등학교 5학년 때 목격하면서 무력한 자기가 미웠습니다. 어머니는 자신이 고등학교 졸업 후 독립할 때 안쓰러워 하셨고 학교에 진학시키지 못한 미안함을 자주 표현 하셨다 합니다. 자신이 감옥에 있을 때 아내는 면회를 오지 않았으나 어머님이 오셔서 많이 우시고 가신 일을 나누며 침울해 하며. 상대적으로

가정을 살리는 女子

아내에 대한 미움이 올라오는 듯 눈시울을 붉혔습니다.

counseling solution

대상에 대하여 자주 일어나는 분노는? 그 분노가 일어날 때 감정을 어떻게 정리하는가?

분노에 대한 설명을 듣고 잘 다스리는 지혜를 설명하자 분노를 이해하고 인식하면서 내담자는 아버지를 용서할 수 없었던 지난 날의 분노가 되살아났다. 그렇다면 아내와 재결합의 원래 목적인지 아니면 아내에 대한 복수가 목적인지 질문을 던졌다. 그러자 내담자는 아내를 죽이고 싶다고 표현하며 자기 마음에 이런 감정이 있었는지 몰랐다며 놀라워 했다.

진행자는 비교적 읽기에 가벼운 『용서(찰스 스텐리 지음/요한 크리스토퍼 아놀드 지음)』라는 두 권의 책을 읽도록 했다. 그 책을 읽음으로 다른 사람들의 사례도 보고, 거기서 느끼는 것을 써오도록 과제를 주었다. 그리고 1년 후에 아내와 당당한 모습으로 상담소를 찾아와서 아내를 소개했고, 아내도 감사의 인사를 전하였다. 마음이 따뜻해지며 감동이 되는 시간이었다.

> * 부부 상담과 자녀 상담 그리고 가족 모두를 상담하며 필자는 가족에 대하여 이렇게 정의한 내용을 공감하여 이곳에 옮긴다.

　가족은 나무와 같다. 너무 가까우면 서로의 성장을 방해할 수도 있는 나무이다. 가족(Family)은 아버지(Father), 어머니(Mother), 나는 당신을 사랑합니다(I Love You)라는 단어(문장)의 첫 글자들을 합성한 단어라는 말이 있다.

　그런가 하면 일본의 배우이자 감독인 기타노 다케시처럼 "가족이란 누가 보지만 않는다면 어딘가로 내다 버리고 싶은 존재"라고 말하는 사람도 있다.

　서로를 아끼고 사랑하면서 가장 많이 상처를 주고받는 사람들, 가족. 가까운 사이일수록 예의가 필요하고, 관계를 유지하기 위한 노력이 필요하다는 전문가의 조언에 잠시 귀를 기울여 보자.

가족에 대한 오해 vs. 진실

가족 간에 끔찍한 갈등과 상처를 경험한 사람이라면 기타노 다케시의 말이 의미하는 바를 어느 정도 이해할 것이다. 나의 임상 경험에서도 가족의 문제는 쉽게 풀리지 않는다.

그렇다면 도대체 무엇이 가족들로 하여금 마음의 문을 닫게 하고 심하면 관계의 단절을 가져오게 하는 것일까? 어떻게 하면 가족 구성원들이 반목을 접고 서로 이해와 사랑을 나눌 수 있을까? 그 해답은 일차적으로 가족관계에 대한 오해와 진실 속에 들어 있다. 그것을 대략 네가지 정도로 정리하면 다음과 같다.

가족관계는 단순하고 평면적? vs. 거미줄처럼 복잡하고 입체적!

많은 사람들이 가족관계는 단순하고 평면적이라고 생각한다. 그러나 사실은 그 반대이다. 성별, 나이, 살아온 문화도 각기 다른 사람들이 함께 지내면서 서로 가장 많은 요구를 하고 또 그 요구가 가장 즉각적으로 충족되기를 바라는 관계가 바로 가족관계이기 때문이다. 가족은 서로의 욕구를 그대로 배출하고 수용하는 평면적인 관계가 아니라, 상황에 따라 얼마든지 달라질 수 있는 입체적인 관계이다.

쉬운 예로, 어떤 남편은 직장에서 "나 떠나"하고 전화하면 집에 도착하자마자 밥 먹을 준비가 완벽하게 되어 있어야 한다고 생각한다. 아니면 마구 화를 내서, 아이들마저 아버지가 전화하면 "엄마, 밥 빨리 준비해"하고 옆에서 채근을 한다는 것이다. 하지만 그 아버지도 식당을 이용할 때는 점잖게 기다릴 게 분명하다. 그런데도 집에만 오면 자신의 욕구가 즉각적으로 채워져야 하는 것이다. 그런 욕구 하나만으로도 가족관계는 이미 단순하고 평면적인 관계를 훨씬 넘어서는 것이다.

가족관계는 굳이 노력할 필요가 없다? vs. 가장 많은 노력이 필요하다!

우린 흔히 가족관계는 혈연과 사랑으로 맺어졌으므로 노력을 안 해도 된다고 생각한다. 그런데 문제는 우리가 "상대방이 나한테 맞춰 주는 것"을 사랑이라고 생각한다는 것이다. 부부 상담을 하는 커플들을 보면 서로 노력한다고 주장하긴 한다. 그런데 그 노력이 상대방을 내 기질이나 취향에 맞도록 변화시키려는 것이 대부분이다.

저 남자가 결혼 전에는 밥과 국으로 아침을 먹었다면 나와 결혼한 지금은 생식을 먹게 하고, 저 여자가 결혼 전에는 주로 청바지만 입었다면 지금은 우아하게 정장 차림을 하도록 만들려는 것이다. 그러다 보니 싸움이 끊이지 않게 된다.

가족이라고 해서 모든 걸 다 받아들일 수는 없다. 서로 배려하고 맞춰 나가려는 노력을 할 때 그 관계가 더욱 깊어질 수 있다.

가족은 모든 감정을 다 표현해도 된다? vs. 최소한의 여과장치는 필요하다!

우린 단지 가족이라는 이유로 남한테는 결코 안할 아픈 소리를 주고받을 때가 많다. 그것은 부부 사이뿐만 아니라 부모자녀 사이에서도 마찬가지이다. 그런데 사실은 그 상처가 가장 깊고도 오래간다는 것을 아는가? 50대 남자가 이미 70대로 접어든 아버지에 대한 원망과 상처 때문에 상담을 원하기도 하는 것이 가족관계이다.

내 부모, 내 형제는 내가 세상에서 가장 먼저 접하는 사람들이다. 그러므로 그들이 나를 어떻게 대했는지에 따라 어른이 되어서도 각기 다른 자아 이미지를 갖게 된다. 그것을 생각하면 단지 가족이라는 이유로 내가 느끼는 대로 감정을 폭발시키거나 언어폭력을 써서는 안 된다. 가족들끼리도 최소한의 감정의 여과장치는 있어야 하는 것이다.

가족이 준 상처는 의외로 오래간다. 그 상처를 헤아리지 못하고 반목이 계속되면 가족 사이에도 찬바람이 불고, 언제 깨질지 모르는 관계가 되어 버린다.

가족이니 모든 기대치를 걸어도 된다? vs. 합리적인 기대치가 필요하다!

우린 사회에서 만나는 사람들에게는 현실적이고 합리적인 기대치를 갖는다. 그런데 가족들한테는 그렇게 하지 않는다고 한다. 어떤 아

가정을 살리는 *女子*

들은 아버지가 자기에게 거는 기대치가 너무 높아서 노이로제에 걸릴 지경이라고 찾아왔다. 예를 들어, 그가 어떤 회사에 취직을 하면 그 당장에 아버지로부터 "빨리 성공해서 그 회사의 사장이 되어라"하고 메일이 온다는 것이다. 그것이 아버지의 기대치에서 비롯된 압력이란 것을 아는 아들은 아버지에 대해서 분노가 컸다.

그로서는 그 회사 사장이 될 수 없는 이유가 백만 가지는 되었다. 하지만 그런 생각은 아버지의 기대치를 배반하는 것이라 죄책감이 들었다. 그러면 이번에는 자신을 그런 식으로 몰고 가는 아버지에 대해 원망과 분노의 마음이 끓어오르는 것이었다. 그의 예는 가족들 사이에서 합리적인 기대치가 왜 중요한지를 잘 보여 주고 있다.

가족들 사이에서 마음을 여는 방법

그렇다면 어떻게 하면 가족들 사이에 마음을 열고 서로를 수용할 수 있을까? 그 해답이 다음의 '4L'에 들어 있다. 이 '4L'을 함께 실천해 나갈 때 가족들은 서로를 도우며 성장, 발전하고 자아실현을 이루어 나갈 수 있을 것이다.

사랑(Love)

사랑이란 상대방이 내가 원하는 모습을 보일 때만 사랑하는 것이 아니다. 그보다는 상대방이 자기가 지금의 모습 그 자체로 소중하고 사랑받는 존재라는 느낌을 갖도록, 상대방을 배려하고 존중해 주는 사랑을 말한다. 가족 간의 사랑에서 그것보다 소중한 일은 없다.

아내와 남편이, 부모와 자식이 가장 크게 갈등하고 상처 입고 분노하는 이유가 바로 있는 그대로의 모습을 상대방이 받아 주지 않기 때문이다. 그 대신 원하는 대로 변화시키려고 하는 데서 모든 문제가 생겨나는 것이다. 가족 간의 사랑은 서로가 사랑받는 존재라는 느낌을 주는 것이다. 사랑은 그 언제나 '묘약'이다.

한계 짓기(Limits)

이것은 서로 사랑하는 사이에도 해서는 안되는 말, 해서는 안되는 행동이 있다는 사실을 받아들이는 것을 의미한다. 즉 상대방의 경계선을 인정해 주는 것이다. 자연의 생태계에도 적절한 거리 유지는 필수적이다. 너무 빼곡하게 자라는 나무는 그늘 때문에 서로의 성장을 방해한다. 사람도 마찬가지이다. 사람에게도 일종의 생존거리랄까, 적당한 경계선이 있어야 하는 것이다. 그런데 가족관계에서는 자칫 이 경계선이 애매해지기 쉽다. 그래서 불필요한 마찰과 싸움이 일어나는 것이다.

느슨한 간섭(Loose Integration)

우리 속담에 "하던 짓도 멍석 깔아 주면 안 한다"는 것이 있다. 그것처럼 인간은 본능적으로 자유와 독립을 추구하는 존재이다. 그런데 가족이라는 이유로 상대방을 조종하려고 할 때 문제가 생긴다. 따라서 부부나 부모 자녀 사이에도 느슨한 간섭이 필요하다. 웬만하면 상대방의 자유와 독립심을 인정해 주는 것이다.

정신적 독립과 이별(Let them go)

우린 얼마나 자주 가족이라는 이유만으로 상대방의 세상을 침범하는지 모른다. 쉬운 예로, 내가 비빔밥 먹고 싶을 때 상대방은 설렁탕이 먹고 싶을 수도 있다. 그런데 우린 가족이라는 이유로 비빔밥으로 통일하라거나 설렁탕으로 통일하라고 강요할 때가 종종 있다. 게다가 상대방이 나처럼 비빔밥 안 먹고 설렁탕 먹는다고 해서 난 옳고 그는 틀렸다고 비난하기까지 한다. 영역 침범을 넘어서서 상대방을 내 마음대로 좌지우지하려고 드는 것이다. 그것은 부모 자녀 사이에도 마찬가지이다. 부모는 아이들을 존중해 주고 떠나보내야 할 때는 미련 없이 보낼 수 있어야 한다. 그것이 제대로 된 정신적 독립과 이별이다.

가족 또한 서로 다른 생각과 가치관을 갖고 있는 개개인의 조합이다. 서로의 영역을 함부로 침범하지 않으면서 변함없는 믿음과 신뢰를 보낼 때 가족 모두가 성장할 수 있다.

이 사람 모세는 온유함이 지면의 모든 사람보다 더하더라(민 12:3).

²⁹나는 마음이 온유하고 겸손하니 나의 멍에를 메고 내게 배우라 그리하면 너희 마음이 쉼을 얻으리니 ³⁰이는 내 멍에는 쉽고 내 짐은 가벼움이라 하시니라(마 11:29-30).

¹¹모세가 장성한 후에 한번은 자기 형제들에게 나가서 그들이 고되게 노동하는 것을 보더니 어떤 애굽 사람이 한 히브리 사람 곧 자기 형제를 치는 것을 본지라 ¹²좌우를 살펴 사람이 없음을 보고 그 애굽 사람을 쳐 죽여 모래 속에 감추니라 ¹³이튿날 다시 나가니 두 히브리 사람이 서로 싸우는지라 그 잘못한 사람에게 이르되 네가 어찌하여 동포를 치느냐 하매 ¹⁴그가 이르되 누가 너를 우리를 다스리는 자와 재판관으로 삼았느냐 네가 애굽 사람을 죽인 것처럼 나도 죽이려느냐 모세가 두려워하여 이르되 일이 탄로되었도다(출 2:11-14).

딸의 고백

이글은 딸이 대학에 입학하고서 장학금 신청을 위해 작성한 신청서이다. 세상 것으로 풍족하게 해주지 못했으나 오직 복음과 믿음과 기도로 양육한 하나님에 사람이 어떻게 성장해 가는지 함께 나누고 싶어 여기에 글을 옮긴다.

지원동기 및 성장배경(가정환경 및 성장배경을 기록해 주세요)

어릴 때부터 아버지가 안 계시다는 사실은 항상 저를 주눅 들게 했습니다. 하지만 그럴 때마다 밤낮없이 일하시며 아버지의 빈자리를 채워주기 위해 노력하는 어머니의 모습을 보며 다시 힘을 냈습니다. 어머니는 당신의 편안함보다 저의 미래를 위해 열심히 일하셨습니다. 그리고 가장 소중한 믿음으로 길러 주셨습니다. 아침 QT와 가정예배는 우리의 삶은 기쁨이고 즐거움이었습니다. 그래서 저는 큰 어려움 없이 청소년기를 보낼 수 있었습니다. 가끔 친구들이 아버지에 대해 얘기할 때면 슬프기도 했지만 아버지와 어머니의 역할을 둘 다 하시기 위해 수고하시는 어머니를 생각하면 기운이 났습니다. 상담자로, 복음의 선배로 항상 저를 먼저 생각하시고 기도로 위로와 격려로 돌보시는 어머니 덕분에 아버지의 부재가 저에게 큰 상처로 남지 않을 수 있었습니다. 경제적으로 힘들 때나 정신적으로 지칠 때에도 주님이 기뻐하고 즐거워하라 하신대로 긍정의 힘을 잃지 않고 노력하시는 어머니의 모습은 제 성격 형성에 큰 영향을 주었습니다. 힘든 일이 생기면 피하려고 하지 않고 자신 있게 당당히 맞서며, 매사에 긍정적으로 임하는 저의 성격은 제가 움츠러들지 않을 수 있도록 기도와 예배로 지원해 주신 어머니 덕분이라고 생각합니다.

학교생활(현재 학교생활에 대해 기록해 주세요)

지난 1학기를 돌이켜 생각해 보면 많은 활동들과 행사들로 정신없는 시간을 보냈던 것 같습니다. 한동대학교에는 팀제도가 있어서 팀마다 해야 하는 프로젝트들이 있고 그런 프로젝트의 준비는 보통 새내기들이 진행합니다. 글로벌 라이프라는 프로젝트를 진행하면서 하나의 프로그램을 위해 정말 많은 노력과 시간이 투자되어야 한다는 것을 알게 되었습니다. 또한 평소 저의 취미였던 스포츠 관람과 관련 있는 미식축구 동아리에 들어가서 매니저로 활동하면서 찬양이나 선교, 전도로만 예배를 드리는 것이 아닌 경기로도 예배드릴 수 있다는 것을 알게 된 아주 뜻깊은 활동이었습니다. 마지막으로 저에게 가장 많은 가르침을 준 활동은 총학생회 활동이었습니다. 총학생회에서 배우고 협동해서 일을 하고, 정해진 매뉴얼에 따라 사업을 계획하고, 그 사업을 진행시키고 마무리 하는 과정들을 옆에서 지켜 보았습니다. 또한 선배들에게 배우면서 미리 회사생활을 경험해 보는 것 같았고, 그래서 제 자신이 한 뼘 더 성장할 수 있는 계기가 된 활동이었습니다.

봉사활동(과거/현재 봉사활동에서 리더십을 발휘한 경험이나 봉사 내용을 기록해 주세요)

지난 5월 제가 속해있는 총학생회 사회협력국에서 포항시에 계시는 어르신 분들과 장애인 분들을 위하여 "사랑의 마라톤"이라는 행사를 개최하였습니다. 사랑의 마라톤은 포항에 소외된 분들을 위하여 저희 총학생회가 자발적으로 준비하여 6회째 진행되고 있는 행사입니다. 저는 이 "사랑의 마라톤"을 기획하고 진행하는 역할을 맡았었습니다. 문화행사들과 가장 중요한 마라톤 행사를 진행하면서 가장 안타까웠던 점은 저희가 재정적으로 부족해서 정해진 인원만 참여가 가능했는데 함께 하지 못해 아쉬워하는 분들이 너무 많아서 안타까웠습니다.

행사를 진행하던 중에 가장 기억에 남는 할머니 한 분이 계신데 옆에서 계속 도와주는 도우미들이 너무 반가워서 멀리서 도우미를 보고 급하게 뛰어 오시다가 심하게 다치셨습니다. 제가 옆에서 급한 대로 응급처치만 해드리고 많이 불안해하시고 속상해 하셔서 차가 올 때까지 함께 기다렸는데 옆에 앉아서 같이 얘기해 주는 것만으로도 너무 고맙다며 연신 손을 잡고 고맙다는 말씀을 하시는 모습을 보면서 너무 짠하고 슬펐습니다. 행사는 큰 사고 없이 잘 마무리 되었지만 더 잘해드릴 수 있었는데 너무 못 챙겨드린 것 같아서 죄송하고 너무 즐거워 해 주셔서 굉장히 보람 있고 뜻 깊은 활동이었습니다.

신앙생활(구원간증 포함)

대학에 입학하기 전, 저 혼자 조용히 기도하는 와중에 주님께서 괜찮다고 너는 지금 아주 잘하고 있다고 말씀하시며 저를 위로하시는 주님의 은혜를 경험하게 되었습니다. 저를 사랑으로 감싸주셨고, 저는 그 사랑에 감동했습니다. 그런 믿음의 상태로 하나님의 대학 한동대학교에 입학하게 되었습니다. 한동대학교에는 의무적인 채플 시간 외에도 학교 곳곳에서 시간과 장소에 관계없이 항상 기도모임이 있습니다. 저는 그런 모임들에 참여하면서 제 믿음이 더욱 견고해지고 성장하고 있다고 생각했습니다. 하지만 엄마와 집에서 하던 QT나눔과 예배를 소홀히 한 저와 하나님 사이에 친밀한 교제는 없었습니다. 그러나 저는 착각과 오만에 빠져 제가 아주 신앙생활을 잘 해오고 있다고 판단했었습니다. 그러나 저의 믿음은 오히려 퇴보하고 있었습니다. QT를 주기적으로 하지 않았고, 결정적으로 말씀에 집중하지 못했습니다. 하나님과의 친밀한 교제가 얼마나 중요한지를 강조하시던 어머니의 말씀을 깨닫게 된 지금은 자만해지지 않을 수 있도록 기도하며 자주 주님과 만남을 갖고 저의 신앙 습관을 재정립해나가는 과정에 있습니다.

비전 실현을 위한 인생 계획서

1. 나의 인생계획

1) 나의 비전과 가치관

제가 학교에 입학해서 새로이 찾게 된 비전은 광고 CP입니다. 광고를 기획하는 직업으로서 미술적인 역량과 언론적인 감각이 동시에 요구되는 직업입니다. 저는 사람들의 기억에 남는 CF를 제작하고 싶습니다. 하지만 단순히 재미있어서 사람들의 뇌리에 남는 CF를 만들고 싶다는 것은 아닙니다. 제가 만든 CF를 보는 사람들의 가슴을 뛰게 하고 그 내용과 제품이나 사회적인 이슈에 대해 생각하게 만드는 CF를 만들 것입니다. 저는 사람들에게 유희적인 요소뿐만 아니라 보면서 다시 한 번 어떠한 문제나 제품에 대해 생각해 볼 수 있는 기회까지 제공하는 CF를 만들 것입니다.

2) 나의 강점 및 약점

저는 어떤 일을 진행할 때 속도가 느리면 조급해하는 성격입니다. 그래서 제가 먼저 나서서 일을 처리해버리곤 합니다, 시간이 여유로워도 빨리 빨리 일을 처리하려고 해서 불평을 들을 때도 있습니다. 저도 저의 이런 성격을 알고 있기 때문에 고치려고 노력하고 있습니다. 답답하더라도 다시 한 번 생각해 보는 습관을 들이고 있습니다. 다시 생각해 보면 더 좋은 의견이 나올 수도 있고, 그만큼 느긋해져서 일이 더 효율적으로 처리될 수 있기 때문입니다. 아직 시간적으로 여유를 가지고 꼼꼼히 살펴보며 일을 처리하지는 못하지만 앞으로 노력한다면 충분히 개선될 수 있다고 생각합니다.

저의 강점은 위기 대처 능력이 뛰어나다는 것입니다. English Communication 프로젝트 발표 수업 중에 저희 조의 PPT 자료가 열리지 않는다는 사실을 발표 직전 알게 되었습니다. 저희 조 발표 도중 PPT를 이용한 퍼포먼스가 있어서 PPT가 열리지 않으면 발표 전체를 못하게 될 상황이었습니다. 그때 제가 교수님께 양해를 구하고 순서를 가장 뒤로 미루었습니다. 다행히 그 전날 백업해 놓은 자료가 있어서 뒤 쪽에 앉아 다시 PPT를 수정하고 무사히 발표를 마칠 수 있었습니

가정을 살리는 女子

다. 이런 사소한 상황 하나하나가 모여 저에게 아주 좋은 경험이 되어 주었고, 이러한 경험들이 저를 더욱 열심히 할 수 있게 만드는 원동력이 되어 주었다고 생각합니다.

3) 강점 극대화를 위한 전략

저는 저의 강점은 위기대처 능력인데 제가 항상 모든 일을 밝고 긍정적으로 생각하기 때문이라고 생각합니다. 어떤 상황이 일어났을 때 부정적으로 생각하여 포기하는 것이 아닌 그 상황을 헤쳐 나갈 수 있다고 긍정적으로 생각하기 때문에 위기에도 잘 대처할 수 있다고 생각합니다. 그래서 생활 속에서 항상 긍정적으로 생각하는 것이 중요하다고 생각합니다. 아무리 상황이 지치고 힘들지라도 낙망하지 않고 담대히 나아가는 자세가 필요하기에 항상 그러한 부분을 위하여 기도할 것입니다.

4) 약점 극복을 위한 전략

저의 약점을 극복하기 위해 요즘 생활하면서 메모하는 습관과 다시 한 번 생각하기 연습을 하고 있습니다. 저의 성격이 여유 있게 일을 처리하기보다는 빨리 처리하려고 하기 때문에 이러한 저의 성격을 어려워하는 사람이 있을 수 있습니다. 그래서 우선 메모하는 습관을 들이기 시작했습니다. 메모를 하다보면 글을 쓰는 동안 차분해지고 더 많은 의견들을 낼 수 있기 때문에 메모를 하고 있습니다. 또한 다시 한 번 생각하기는 제 의견이나 진행을 이끌 때 한번 더 생각하고 말하는 것입니다. 다시 생각하다 보면 저도 미처 생각하지 못했던 좋은 의견이 생각나기도 하고, 상황을 더욱 객관적으로 바라볼 수 있기 때문입니다. 매일 매일 실천하는 것이 힘들기는 하지만 노력하고 있기 때문에 좋아질 수 있을 것이라고 생각합니다.

2. 비전 실현을 위한 전략

1) 대학생활에 대한 전략

솔직히 이번 1학년 1학기는 제 기준에서 실망스러운 부분이 조금 있었습니다. 제가 예상하고 계획한 것들과는 다른 방향으로 진행되는 상황들 속에서 갈피를 못 잡아 우왕좌왕하기도 했습니다. 하지만 이번 여름방학 계절 학기를 하면서 많은 것을 느끼고 저의 비전을 확실하게 수립할 수 있었습니다. 저의 적성에 맞는 것은 어떤 것인지 정말 이 꿈이 하나님께서 주신 비전과 소명인지 확실하게 알아 볼 수 있도록 노력할 것입니다. 제가 이번 1학년 2학기에 가장 집중하고 싶은 부분은 학업적인 부분입니다. 제가 정말 하고 싶은 일을 찾았기 때문에 이제는 나에게 맞는 적성과 수업이 무엇인지 찾는 과정이 아닌 제가 정말 듣고 싶은, 배우고 싶은 과목들을 중심으로 저의 학문적인 영역과 견문을 넓히고 싶습니다. 물론 제가 학교 내에서 맡은 역할들도 최선을

가정을 살리는 *女子*

다해 수행해 나갈 것입니다. 한동대학교를 대표하는 총학생회의 일원으로서 우리 학교를 더 잘 알리고 우리 학교가 더욱 공부하기 좋은, 많은 수험생들이 오고 싶어 하는 학교가 될 수 있도록 노력할 것입니다. 특히 제가 속해 있는 사회협력국 사업들을 통해 포항 지역 더 나아가 이 세상에 예수님의 사랑과 봉사의 정신을 널리 알리는 제가 될 것입니다.

2) 졸업 후에 대한 전략

대학교에 들어온 뒤 고학년 선배들이 맹목적으로 대기업 취업을 준비하는 것을 보면서 과연 대기업에 입사하는 것이 내 인생을 위한 최고의 길인지에 대한 생각이 들었습니다. 그래서 저는 많이 생각해 보고 또 다른 길을 많이 알아보게 되었고, 학부생으로서는 배울 수 없는 학문이 있을 것 같다는 생각이 들었습니다. 그래서 저는 유학을 가고 싶습니다. 제가 생각하지 못했던 또 다른 세계에 대한 경험과 더 깊은 학문적인 연구를 하는 것이 무작정 회사에 입사하기 우해 자기소개서를 쓰고 면접과 토익을 맹목적으로 공부하는 것보다 훨씬 생산적이고 저의 경력과 성장에 있어서 더욱 도움이 될 것이라고 생각합니다. 아직 구체적으로 어느 나라로, 어느 학교로 갈지 내용들을 정하지는 않았지만 더욱 다양한 경험을 위해 유학을 가고 싶습니다.

3) 사회생활에 대한 전략

제가 상상하는 것만큼 사회생활이 재밌고, 쉬운 것은 아니기에 제가 기도하며 노력해야 한다고 생각합니다. 저는 미디어 분야에서 하나님을 세우는 것이 저의 비전이기 때문에 많은 사람들에게 예수님을 전하고 싶습니다. 물론 쉬운 일은 아니지만 주님께서 도우실 것이라고 믿습니다. 더욱 많은 사람들을 전도하기 위해 제일 먼저 제가 모범이 되어야 한다고 생각합니다. 저의 삶이 다른 세상 사람들과 다른 것이 없으면서 전도를 한다면 사람들에게 신뢰를 줄 수 없기 때문입니다. 그래서 저는 저의 일상의 삶에서 술을 마시지 않고 저의 일에 최선을 다하면서도 세상 사람들이 보기에도 신실한 사람이 될 것입니다(엄마는 생일 때마다 감사 헌금 봉투에 사랑하는 딸이 키가 자라가며 하나님과 사람 앞에 더욱 사랑스러워지고 가는 곳마다 화평케 하는 딸을 주셔서 감사하다고 하십니다). 물론 유혹도 많고 힘이 들겠지만 저에게 비전을 주신 주님께서 저를 도우실 것이라고 믿고, 노력할 때 될 수 있다고 생각합니다.

3. 비전 실현에 예상되는 어려움

저의 비전을 실현하기에 가장 큰 어려움은 제 자신이라고 생각합니다. 제가 세상의 유혹에 흔들려 넘어지지 않는 것이 가장 중요하기 때문입니다. 경험상 조금이라도 빈틈을 보이면 바로 유혹에 넘어갈 수 있기 때문에 제가 먼저 제 자신을 점검하고 돌아보며 기도로 무장하는 것이 중요하다고 생각합니다. 항상 말씀을 저의 곁에 두고 기도로 나아가는 제가 되기 위해 QT도 열심히 하는 믿음이 세워진 제가 되기 위해 노력할 것입니다. 또한 지치고 힘들 때마다 넘어지지 않을 수 있도록 주님이 주신 비전을 새기며 기도로 준비하는 제가 될 때 비전을 실현 할 수 있다고 생각합니다.

라 브 리 소 개

라브리(L`ABRI)란?

라브리(L`ABRI)는 불어로서 쉼터라는 뜻으로 프랜시스 A. 쉐퍼 (Francis A. Schaeffer) 박사가 스위스에 만든 공동체 정신을 바탕으로 부부 갈등과 위기를 치료하고 회복시키는 정신을 담고 있다.

라브리(L`ABRI)의 목적

라브리(L`ABRI)는 사람과 사람 사이의 학대로 인한 아픔과 상처를 치료하고, 결혼의 위기와 가족 갈등을 회복시키며, 나아가 관계 속에서 함께 성장하는 건강한 가족 문화를 형성하는 것을 목적으로 한다.

라브리(L`ABRI) 찾는 이들에게

우리는 라브리(L`ABRI)를 찾는 모든 분들을 환영한다.

위기 상황에서 돌파구를 찾기 위하여 자발적으로 오시는 분, 가족이나 지인의 권유에 의하여 비자발적으로 오시는 분, 검찰이나 법원을 통해 의무적으로 상담을 받게 되는 분 모두를 편견 없는 시각으로 바라보고, 비학대적인 태도로 존중하며, 내담자의 생각과 결정을 최대한 존중하길 원한다.

라브리(L`ABRI)의 생각

① 사람이 관계를 추구하며 관계 속에 존재한다고 생각한다.

② 관계 경험의 시작이 가족이라고 생각하고 가족관계가 사람의 욕구, 사고과정 그리고 행동습관에 영향을 미친다고 생각한다.

③ 학대적인 관계의 경험이 사람에게 왜곡된 욕구, 사고과정 그리고 행동습관을 갖게 하며 관계를 어렵게 만든다고 생각한다.

④ 비학대적인 관계의 경험이 왜곡된 욕구, 사고과정 그리고 행동습관을 버리고 건강한 욕구, 사고과정, 행동습관을 갖게 한다고 생각한다.

⑤ 학대적인 관계와 비학대적인 관계의 특성의 차이를 연구하고 고통 가운데 있는 개인과 커플 그리고 가족을 치료하고 회복을 돕

기를 원한다.

라브리(L`ABRI)에 꽃을 피우실 분은

자원봉사, 피해자 법원 및 병원 동행, 밑반찬, 피해자 일용품등 기증
자 전화 031 410 1366, 031 334 1366로 여러 물품들을 기증해 주시
면 유용하게 사용하겠다.

라브리(L`ABRI) 가족관계 연구소는

한 영혼 한 가정에 회복을 목표로 가정폭력-성폭력, 관계중독 전문
가(소장: 전혜련)에 의해 설립된 상담기관이며 한국인의 결혼 위기와 가
족관계 갈등을 연구하고 치료하고 있다.

라브리(L`ABRI)의 기관으로는 라브리(L`ABRI)가정회복센터와 라브
리(L`ABRI)가정폭력-성폭력상담소, 라브리(L`ABRI)위기가정회복대학,
라브리(L`ABRI)가족관계연구소, 라브리(L`ABRI)다문화쉼터가 있다.

주 예수 나의 당신이여

빛이 없어도 환하게 다가오시는 주 예수 나의 당신(주님)이여

음성이 없어도 똑똑히 들려주시는 주 예수 나의 당신(주님)이여

당신이 계시므로 나도 있고 당신의 노래가 머물므로 나는 부를 수 있

어요 주여 꽃처럼 향기나는 나의 생활이 아니어도 나는 당신이 좋을

수밖에 없어요 주 예수 나의 당신이여

나는 없어도 당신이 곁에 계시면 나는 언제나 있습니다

나는 있어도 당신이 곁에 없으면 나는 언제나 없습니다

당신이 계시므로 나도 있고 당신의 노래가 머물므로 나는 부를 수 있

어요 주여 꽃처럼 향기나는 나의 생활이 아니어도 나는 당신이 좋을

수밖에 없어요 주예수 나의 당신이여

순례의 길 마지막에

하나님의 사람 전혜련,

한 영혼 한 가정에 회복을 도우라는 사명을 받아

기쁘고 즐겁게 감당하다 여기 잠들다.